Tip
junior

*Pour Louise,*

# Né de mère inconnue

*Quand* ... *les hasards*

*de la vie* Philippe Barbeau *rendent*

*fort, si fort qu'on va au-delà*

Illustration de couverture :

Nicolas Duffaut

*de soi-même.*

*Très sincères amitiés,*

**Magnard Jeunesse**

*La Chaussée ... Victor,*
*chez Patricia et Daniel. 9/10/8*

À Françoise, ancienne secrétaire médicale.

Quand ta tête te lâche,
suis les élans de ton cœur.
Ils te mèneront plus droit
que tous tes raisonnements.
(Nicole Vidal, *La conspiration des parasols*)

# chapitre 1
## Un vieux disque dur

**Il faisait une chaleur torride** en ce début d'après-midi.

À deux pas du Cosson, au sud d'Orléans, les terres de Sologne s'alanguissaient sous les rayons d'un des premiers soleils chauds de l'année, bercées par le crincrin continu des insectes. Aucun mouvement apparent. Pas un soupçon de brise. Les corbeaux n'osaient pas quitter l'ombre des peupliers.

Pelotonnée sous sa vigne vierge foisonnante, la maison restait un havre de fraîcheur au bout du chemin des Rouches. Elle semblait endormie pour une sieste éternelle. À l'étage, des bruits discrets émanaient d'une fenêtre ouverte sur le chemin : la chambre de François.

Le mot « chambre » désignait l'endroit où dormait le garçon mais, si on y trouvait bien un lit et une armoire, elle était surtout encombrée d'ordinateurs en pièces détachées.

François Garnier s'apprêtait à vivre un de ces épisodes qui naissent à notre insu, d'un geste, d'une rencontre, sans qu'on devine leur importance ni leurs conséquences.

On emprunte alors des voies insoupçonnées et on vit des moments intenses.

Parfois, ils nous aident à nous révéler, à nous découvrir bien meilleurs, beaucoup plus forts qu'on ne le pense.

Avec son mètre soixante-dix, trapu et bien campé sur ses jambes, François se trouvait petit pour son âge. Il n'avait cependant rien d'un avorton. Il avait eu seize ans le 24 février mais n'avait fêté son anniversaire que le 1er mars, pour que son ami Just puisse venir. Just avait passé ses vacances d'hiver à Singapour, chez son oncle, directeur du magasin *Carrefour*.

Just Sormain, c'était son inséparable copain, son presque-frère. Celui avec qui il se sentait vraiment lui-même.

L'adolescent s'étira, gratta sa tignasse rousse embroussaillée puis éteignit l'unité centrale et l'écran de son ordinateur. Il dégagea ensuite une place d'un petit mètre carré et aperçut une carte postale qui dépassait du sous-main.

— Tiens ! La carte de Just…

Il la sortit et admira une fois de plus la statue du Merlion, cet animal fabuleux, emblème de Singapour. Une forêt de gratte-ciel se dressait à l'arrière plan.

— Ah, le veinard ! Je l'aurais bien accompagné là-bas.

Il retourna la carte et relut le message de son ami, tracé d'une écriture souple et régulière.

*Salut François,*

*Une petite carte de Singapour où je passe un séjour de rêve. Le temps est splendide, comme la ville. Tout est ultramoderne ici, nickel, et je n'arrête pas de m'enthousiasmer. Superbes gratte-ciel. Food-centres où on déguste une succulente cuisine asiatique pour trois fois rien. Palais de l'électronique, paradis des fous de jeux vidéos. Les gens sont de toutes les couleurs, même si les Chinois dominent largement. Tous semblent vivre en harmonie, imprégnés d'un curieux mélange de discipline et de respect de l'autre. Susan Lee, une Chinoise supertop, me fait tout découvrir...*

*Je te raconterai au retour et n'oublierai aucun détail. Promis !*

*Amitiés, Just.*

François prit une punaise dans son tiroir puis afficha la carte à droite de son bureau.

— Elle est mieux ici...

Il regarda alors sa montre et constata :

— Bon ! Presque une heure avant de le rejoindre. J'ai le temps.

Il pivota sur son siège et regarda l'unité centrale dont il allait maintenant s'occuper. Il eut un pincement au cœur.

Qu'allait-il découvrir ? Un vieux logiciel ? Une banque d'images disparues du commerce ? S'il avait su...

Il esquissa un sourire, s'adressa à l'ancêtre informatique, près de la porte d'entrée :

— À toi, maintenant ! Voyons ce que tu as dans le ventre !

Cet ordinateur, Guillaume, son beau-père, le lui avait ramené de la déchetterie dont il avait la responsabilité. Il lui rapportait tous ceux que les gens jetaient.

Le garçon ne supportait que très modérément Guillaume, qu'il appelait « le copain de ma mère ». Il le tolérait parce qu'il savait que, sans lui, sa mère serait malheureuse. N'empêche que, lorsqu'il lui ramenait un ordinateur, il appréciait le geste.

Il plaça l'appareil devant lui et l'observa. C'était vraiment un très vieil ordinateur, avec un boîtier horizontal d'un sinistre gris jaunâtre et deux lecteurs de disquettes trois pouces et demi.

— Je ne sais pas ce que je vais pouvoir tirer de toi, lâcha l'adolescent, dubitatif. Pourvu que tu aies un disque dur…

C'était le seul élément qu'il pouvait récupérer sur un aussi vieux matériel. Le processeur était dépassé et la carte mère, hors d'usage, ne présentait aucun intérêt.

François retira les vis qui maintenaient le couvercle du boîtier puis le souleva. Une vague odeur de poussière s'en échappa.

— Ouais ! se réjouit-il en détaillant l'intérieur. T'as un disque dur…

Il le détacha avec précaution, l'approcha de la tour de son ordinateur, le glissa dans l'espace libre, le fixa, le connecta et, enfin, bascula le jumper[1].

— Ça colle !

Maintenant, François allait savoir s'il était encore en état de marche et, si oui, ce qu'il avait dans le corps.

Il mit en route son ordinateur. Son propre disque dur s'élança. Il croisa les doigts pendant l'initialisation. Enfin, le bureau apparut à l'écran. Il cliqua sur l'icône du poste de travail, celle du vieux disque dur s'afficha dans la fenêtre. Il veilla cependant à ne pas l'ouvrir aussitôt. Il l'avait déjà fait autrefois et s'était retrouvé avec un virus dans sa machine. Il lança donc son antivirus et analysa le nouveau pensionnaire. Soudain, un message d'alerte apparut.

— Ouf ! souffla François. J'ai bien fait. Bon, un virus, ça veut dire qu'il n'a pas été effacé. Il y a peut-être des fichiers à récupérer…

Quelques instants plus tard, le programme

1. Contacteur mettant le disque dur supplémentaire en mode « esclave » qui seul permet à l'ordinateur hôte de le reconnaître et de travailler avec.

indésirable était détruit. Une bonne dizaine de fichiers ne purent hélas pas être nettoyés et François fut contraint de les effacer. L'antivirus annonça alors le terme de la procédure et l'adolescent put enfin explorer les fichiers intacts.

François ne trouva d'abord rien d'intéressant, sinon des bricoles comme une antique version de *Works*. Il y avait aussi trois dossiers contenant quelques documents. François les ouvrit les uns après les autres.

Le premier accueillait des comptes. Aucun intérêt.

Le deuxième contenait des modèles de lettres. François découvrit ainsi que l'ancienne propriétaire de l'ordinateur s'appelait Fabienne Dezé. Elle les utilisait pour ses démarches administratives ou le courrier destiné à des amis.

Pas plus intéressant que les comptes.

— En plus, ronchonna François, vu sa taille, ce disque dur ne me sera guère utile…

Il ouvrit alors le dernier dossier. Celui-ci ne contenait qu'un fichier, intitulé « Journal ».

François eut un pressentiment lorsqu'il cliqua sur l'icône. Vague, imprécis mais important. Il était cependant loin d'imaginer que ce journal allait bouleverser sa vie... et pas seulement la sienne.

# chapitre 2

## Journal intime

**François passa la date** puis lut :

*Si on m'avait dit… que moi, Fabienne Dezé, secré-*
*taire médicale à Ramoulu, Loiret, j'attendrais mes*
*trente-cinq ans pour écrire mon journal !*

Il cessa de lire, déçu.

— Un journal intime !

Il sourit quand même, moqueur, relut le premier paragraphe et crut deviner une certaine
gravité derrière les mots. Son sourire s'atténua.

Il poursuivit.

*Les émotions sont trop fortes. Il faut les évacuer.*

*Je dois me confier et seul mon ordinateur me semble*
*capable de recevoir ces confidences. Il ne porte aucun*

*jugement, enregistre, un point c'est tout. C'est ce qu'il me faut. Et puis, le secret médical me tient. Je ne parle jamais des patients de mon patron à Thierry, mon mari. Secret médical oblige, mais aussi refus de voir ma vie professionnelle parasiter ma vie privée. Pourquoi lui dévoilerais-je les problèmes de cette femme ? Et puis, vu notre situation, ce serait le faire souffrir inutilement.*

François eut soudain des scrupules et se demanda s'il pouvait s'immiscer ainsi dans la vie privée de quelqu'un.

Il tergiversa. Finalement, il s'exclama :

— Ah ! Et puis je ne la connais pas, cette femme ! Je ne risque pas de changer sa vie…

Et il reprit la lecture.

*Jusqu'à maintenant, je faisais mon travail avec application mais de la manière la plus neutre possible. Bien sûr, j'accueillais chaleureusement les patients mais je me limitais à ces relations courtoises. On m'avait toujours dit :*

*« Ne mêle pas travail et sentiments. Avec ton métier et ta personnalité, tu risques de trop souffrir. Tu ne dois jamais t'attacher aux patients du cabinet, même lorsqu'ils te sont très sympathiques. »*

*Sage conseil qui me permettait de ne pas trop me*

*troubler lorsqu'il fallait archiver le dossier d'un ma-*
*lade dont l'état de santé s'aggravait ou, pire, qui*
*venait de décéder, même si je le connaissais bien.*
*Avec le temps, je m'étais créée une carapace que je*
*croyais solide. Erreur !*

*Ce matin, quand le docteur m'a dicté son courrier,*
*j'ai eu toutes les peines du monde à noter ses propos.*
*Il s'agissait de rédiger une lettre pour un de ses*
*confrères, cet ami avec qui il a fait ses études. Il le*
*consulte chaque fois que quelque chose le chagrine.*
*Mon patron pourrait lui téléphoner mais il préfère*
*écrire. Il est ainsi. Ce matin, il lui demandait son avis*
*sur un cas particulier : une de ses patientes deman-*
*dait à accoucher sous X.*

François leva le nez de l'écran. Il repensa à Just.

Grâce à lui, accoucher sous X, il connaissait :
lorsqu'une femme enceinte pensait ne pas être
en mesure d'élever son futur enfant, elle l'abandonnait dès sa naissance en toute légalité, afin
qu'il puisse être adopté.

Just était un de ces enfants nés sous X.

Il avait passé ses soixante-quinze premiers
jours à la pouponnière de la DDASS[1] et n'avait

---

1. Direction départementale de l'action sanitaire et sociale, organisme
d'État qui a pour mission, entre autres, de s'occuper des enfants orphe-
lins, abandonnés ou en situation familiale précaire.

que deux mois et demi lorsqu'un couple l'avait adopté.

De temps en temps, Just souffrait. Il se confiait alors à François. Il avait des parents, certes, et ses parents ne lui ménageaient pas leur amour. Chacune de leurs actions en témoignait. Hélas, ce n'était pas assez. Tout cet amour ne pouvait combler un terrible vide. Il manquait quelque chose à Just : savoir d'où il venait, qui étaient ses parents biologiques, ceux qui l'avaient conçu. Il se comparait à un arbre sans racines à la merci du moindre coup de vent. Sa mère biologique lui manquait surtout. C'était une douleur dissimulée au creux de ses pensées, un fauve tapi dans l'ombre qui l'agressait de temps à autre. Souvent avant de s'endormir. Parfois, lors d'une fête ou dans un hypermarché, lorsque, soudain, en découvrant un visage au milieu de la foule, il se disait que la femme qu'il croisait était peut-être celle qui lui avait donné le jour.

François le comprenait. Son père était parti lorsqu'il avait deux ans, refusait d'avoir la moindre de ses nouvelles et, plus encore, de le voir. Il ne versait la pension alimentaire que contraint et forcé.

François savait ce qu'était un vide dans le cœur, même si le sien était beaucoup moins profond que le gouffre de son ami.

Les parents de Just lui avaient proposé de l'aider à chercher sa mère biologique. Il avait accepté, bizarrement sans enthousiasme, et avait presque été soulagé lorsqu'ils s'étaient heurtés au mur de l'administration, qui refusait de remonter plus loin que l'acte d'état civil. Chercher ses origines lui était finalement apparu comme une injustice envers ses parents adoptifs, ceux qui l'aimaient. Il se disait également que celle qui l'avait abandonné sitôt évacué de son corps n'avait jamais eu de sentiment pour lui. Comme toutes les mères qui accouchaient sous X, elle avait eu deux mois pour revenir sur sa décision et le reconnaître. Elle ne l'avait pas fait. Just avait-il le droit de la retrouver et de trahir ainsi l'amour que ses parents adoptifs lui portaient ?

François reprit la lecture du journal.

*Ainsi, Mademoiselle Jocelyne Rabier est toujours enceinte. Les dix semaines légales sont passées[1] et elle ne peut plus se faire avorter. Peut-être ne le souhai-*

---

1. Le délai légal pour l'avortement est aujourd'hui de douze semaines.

tait-elle pas, tout simplement. *Elle élève déjà seule sa fille de deux ans et ne veut pas de ce nouvel enfant. Elle dit ne pas avoir les moyens matériels de l'élever correctement. Je la crois. Je n'habite pas très loin de chez elle et sais dans quelles conditions précaires elle vit. Sa famille ne l'aide pas. Ce sont pourtant des gens qui figurent parmi les plus riches du canton. Mais ils l'ont rejetée et elle doit s'assumer. Au chômage depuis longtemps, elle vit avec le RMI. Le père de l'enfant semble avoir disparu dans la nature. J'ignore tout de lui mais cela n'a aucune importance. Ils ont conçu ce gosse et il est parti. Sait-il seulement qu'il lui a fait un enfant ? Laissons-lui le bénéfice du doute.*

François s'arracha de l'écran. L'absence de son père lui pesait. Il se frotta furtivement les yeux, chahuta ses cheveux et se replongea dans le journal.

*Comme le monde est mal fait ! Elle tombe enceinte et ne peut pas élever son enfant. Thierry et moi vivons dans d'excellentes conditions matérielles mais nous ne pouvons pas en avoir. Physiologiquement parlant, notre couple est stérile.*

*Je connaissais l'accouchement sous X mais, jusqu'à maintenant, je ne pouvais pas concevoir qu'une femme abandonne ainsi l'enfant qu'elle porte pendant neuf mois. Voir disparaître à jamais le fruit de sa chair me semblait inhumain, impossible même. Ces « fausses » mères m'apparaissaient comme des monstres immatériels. Et puis là, aujourd'hui, en voici une qui surgit dans ma vie, qui s'impose à moi. Je sais dans quelle détresse vit cette jeune femme. C'est terrible. Décider d'abandonner son bébé doit être à la limite de l'intolérable.*

François sauta quelques pages. La secrétaire médicale parlait d'autres cas qui ne l'intéressaient pas.

Il reprit sa lecture. Un mois s'était écoulé et la jeune femme était repassée au cabinet médical.

*Jocelyne Rabier est revenue aujourd'hui. Sa grossesse commence à se voir même si elle porte des vêtements qui veulent la cacher. Un œil attentif constate que son ventre s'arrondit, que ses reins se cambr…*

Écran noir. Plus rien. L'ordinateur venait de s'éteindre. Au moment où François se glissait dans la suite du journal ! Le voyant de l'écran était toujours allumé.

— Pas de coupure d'électricité !

Après quelques vérifications et plusieurs tentatives de remise en marche, il dut admettre que son unité centrale était en panne. Son appareil n'était pas une des machines récupérées par Guillaume, mais il n'était pas jeune pour autant. Sa mère le lui avait ramené de son travail, quand son entreprise avait renouvelé son parc informatique. Il l'avait ensuite bricolé et amélioré. Ses performances étaient devenues un peu plus acceptables. Un inconvénient persistait cependant : de temps en temps, une pièce lâchait et il devait la remplacer.

François consulta sa montre puis refourra ses doigts dans sa tignasse rousse. L'heure du rendez-vous avec Just approchait. Après la panne, la sortie vélo. Un report de plus mais celui-ci ne le gênait pas. Le temps passé avec son copain n'était jamais perdu.

# chapitre 3

## Fausse sortie

**Just habitait Le Mesnil,** un hameau, dans une ancienne ferme toute de colombages et de briques. La large baie vitrée de la salle de séjour offrait une superbe vue sur l'étang voisin.

François ne mettait que cinq minutes pour rejoindre Just.

Depuis la petite section de maternelle, il avait toujours fréquenté la même classe que lui. À leur entrée en sixième, au collège des Brandelons, ils avaient décidé d'étudier l'allemand afin de ne pas être séparés. Ils s'étaient ensuite engagés ensemble dans la voie du latin et du grec. Au lycée Bernard-Palissy, à Gien, malgré douze classes de seconde, ils se trouvaient toujours ensemble.

François et Just se comprenaient parfaitement. Un geste, un regard, un frémissement leur suffisaient le plus souvent. Mais ils ne partageaient pas exactement les mêmes passions. Le premier s'intéressait à l'informatique et le second à l'aquariophilie. Ils avaient en commun l'amour du VTT. Chaque dimanche, ils partaient en balade, quels que soient le temps et la saison.

Leurs vélos n'étaient pas des modèles haut de gamme mais ils leur permettaient de s'aventurer aussi loin et aussi longtemps qu'ils en avaient envie. Traverser les landes de bouleaux et de bruyères, surprendre des chevreuils, des cerfs, observer des sangliers leur procuraient des émotions extraordinaires. En général, ils couvraient de trente à quarante kilomètres en pleine nature.

François appuya son vélo contre le mur, ramassa un gravillon, le jeta avec prudence contre la fenêtre mansardée de la chambre de Just. Le caillou ricocha sur la vitre, qui tinta, mais son ami ne montra pas le bout de son nez.

François envoya donc un autre caillou. Cette

fois, Just apparut. Il adressa un vague signe et, quelques minutes plus tard, ouvrit la porte du garage et sortit son vélo.

— Salut ! Qu'est-ce que tu faisais ? Tu bouquinais ?

— Pas vraiment ! Je me reposais.

— Ouais ! La chaleur est pénible. Tu veux qu'on reste ici ?

— Non, non, le vélo, c'est sacré !

Les garçons venaient de traverser le Déroboir, la petite rivière qui se jetait dans le Cosson un peu plus bas, à moins de trois kilomètres de leur point de départ.

Un couple de canards colverts s'envola.

Just accentua son effort, monta à hauteur de son copain.

— Je crois que je vais rentrer… Continue seul !

François cessa de pédaler et lui jeta un regard surpris. Le cliquetis lancinant de la roue libre accompagna ses mots :

— Pas question ! Je rentre avec toi.

Et, joignant le geste à la parole, il freina et amorça un demi-tour.

Les garçons entrèrent dans le garage alors

qu'un héron cendré entamait sa descente sur l'étang voisin.

Just voulut pendre son vélo au crochet fixé au plafond. Il le saisit par le cadre et la roue avant, commença à le soulever mais le reposa aussitôt.

— Tu peux m'aider ?

François ne se fit pas prier et, quelques instants plus tard, les garçons entrèrent dans la salle de séjour.

M. et Mme Sormain profitaient de la chaleur sur la pelouse, étendus sur des chaises longues. La baie vitrée était largement ouverte. La mère de Just posa son livre en les entendant et s'étonna :

— Déjà de retour ?

— Ouais ! On n'avait pas envie de rouler, aujourd'hui...

Just s'engouffra dans l'escalier qui menait à sa chambre. Il ne souhaitait pas en dire davantage. Ses parents s'inquiétaient facilement, sa mère surtout. François les salua comme si de rien n'était et le rejoignit.

Si la chambre de François présentait un côté caverne d'Ali Baba informatique, celle de Just

était un modèle de rangement. Chaque chose à
sa place. Sur les murs, trois posters de poissons
exotiques. De chaque côté de la fenêtre, face au
lit, deux aquariums dont les pompes à air ron-
ronnaient. Un dragon de résine brune trônait
sur la chaîne hi-fi. À côté, François reconnut le
billet rouge de dix dollars singapouriens. Son
ami lui avait dit qu'il le gardait en souvenir de
Susan qui le lui avait donné. Une lanterne chinoise, rouge aussi, habillait l'ampoule au plafond. Elle venait également de Singapour.

— Pour les Chinois, le rouge est symbole de
bonheur, avait expliqué Just.

Il était allongé sur son lit. François s'était ins-
tallé sur la chaise de bureau et jouait à la faire
pivoter. Le vent venait de se lever. Encore léger,
il apportait les cris des oiseaux par la fenêtre
ouverte. Plusieurs corbeaux se chamaillaient
dans un saule pleureur. Une tourterelle roucou-
lait sur la faîtière d'un toit.

— Qu'est-ce que tu faisais avant de venir ?
demanda Just. Toujours dans tes ordinateurs ?

— Plus que jamais ! Guillaume m'a encore
amené un vieux coucou. Je l'ai désossé et j'ai ins-
tallé son disque dur sur ma machine.

— T'as découvert des trucs bien ?

— Pour l'instant, pas grand-chose. En tout cas, rien qui puisse t'intéresser. Côté logiciels, j'ai seulement trouvé un vieux *Works*. J'ai aussi déniché des comptes bancaires sans intérêt. Là, je commençais à fouiner dans un journal intime quand mon ordi est tombé en panne.

— Un journal intime ! Tu blagues…

— Pas du tout ! Un vrai journal intime ! Et pas un truc nunuche, quelque chose de sérieux, écrit par une vieille de trente-cinq ans.

— C'est indiscret !

— Tu parles ! Je ne connais pas celle qui le tenait. Ça n'a rien d'indiscret. Je lis une histoire, tout simplement.

François se retourna et saisit le billet singa-pourien. Il demanda :

— Ce sont des orchidées, les fleurs dessus ?

— Ouais ! À Singapour, il y en a partout, à commencer par l'aéroport. Elles te sautent aux yeux dès ta descente d'avion. Ça jette !

François faillit faire une allusion à Susan. Just ne lui en laissa pas le temps et demanda :

— Et… Et cette femme, qu'est-ce qu'elle raconte dans son journal ?

François reposa le billet, afficha une mine réjouie puis remarqua :

— Ah ! Tu vois, ce journal t'intéresse aussi. Je suis sûr que si tu étais à ma place, tu ferais comme moi.

— Je ne sais pas. Je disais surtout ça comme ça, avoua Just avec un sourire forcé. Cette femme, alors, qu'est-ce qu'elle raconte ?

— Pour l'instant, pas grand-chose. C'est une secrétaire médicale. Elle raconte…

François se mordit la lèvre. Chaque fois que Just et lui avaient parlé d'accouchement sous X, son ami en avait souffert. Il devait se taire, ne pas faire allusion au secret découvert. Il reprit, faussement joyeux :

— Elle raconte un truc qui lui est arrivé avec un gars. Tu sais, même les secrétaires médicales peuvent tomber amoureuses…

Le nuage cachant le soleil laissa filtrer un rayon qui vint éclairer le visage de Just.

— Tu es tout pâle, s'inquiéta François. Tu as attrapé la crève qui traîne au lycée ? Il y a plein de gastros, en ce moment…

— Va savoir ! Mais ça m'étonnerait. La gastro transforme l'estomac en savonnette et on passe son temps aux toilettes. Moi, je n'ai pas envie de vomir et, côté intestins, tout va bien. On a de la fièvre, aussi, avec la gastro.

— Et de la fièvre, justement, t'en as, toi ? Faudrait vérifier…

— Non ! Mes parents s'inquiètent pour rien. Tu les connais ! Pas la peine d'en rajouter.

— Bah ! Prendre ta fièvre, ça ne veut pas dire que t'es malade…

— Ma mère trouve tout le temps que j'ai quelque chose qui cloche. Il lui suffirait de me voir avec le thermomètre à la main pour appeler le SAMU.

— Tu exagères ! sourit François.

— Pas tant que ça, malheureusement.

La conversation dévia alors sur le dernier jeu télévisé que l'un et l'autre regardaient.

François constata bientôt que Just semblait prendre sur lui pour participer à la conversation. Il annonça :

— Bon ! Je vais te laisser.

— Je vais me reposer et, demain, je péterai le feu. On n'a plus beaucoup de cours, au lycée, mais je ne voudrais pas les rater. C'est quand on a fini le programme que les profs sont les plus sympas. Et puis c'est notre dernière année sans examen. L'an prochain, il y aura les premières épreuves du bac...

— Moi, je vais remettre mon ordinateur en route...

# chapitre 4

## La naissance

**Queue frétillante,** Charly, le caniche, tournait autour de François.

— Tu rentres tôt de ta balade ! remarqua sa mère. Vous n'avez pas pédalé autant que d'habitude ?

— Non ! mentit François. Just devait aller à la jardinerie avec ses parents. Il voulait des plantes pour ses aquariums… Et puis, je dois bricoler mon coucou, qui est encore *out*.

Il retrouva la quiétude de sa chambre avec soulagement et, lorsque son regard effleura la carte postale de Singapour, il revit le sourire qu'affichait son ami à son retour de vacances. Il repensa également à l'éclat qui avait brillé dans ses yeux quand il avait parlé de Susan.

« Il est amoureux de la ville, mais pas seulement… »

Just, amoureux ! François sourit, serein.

Étant donné le symptôme – un arrêt subit de la machine – François pensa à une panne de l'alimentation, cette pièce qui transforme le courant EDF en énergie utilisable par l'ordinateur. Il avait déjà eu ce problème. La remplacer n'était pas si évident. François chercha dans son stock mais n'en découvrit qu'une susceptible de convenir. Celle-ci était un peu trop grande. Il joua donc de la pince, tordit une tôle et libéra enfin le passage. Ensuite, il perça un trou pour la vis qui allait maintenir la pièce.

Peu après, le travail terminé, François soupira. Il se rassit correctement, plaça le clavier devant lui et appuya sur l'interrupteur de son ordinateur. L'appareil réagit aussitôt et le disque dur s'élança. François laissa échapper :

— Voilà ! Vite fait, bien fait ! Je peux maintenant retourner dans le journal de cette chère Fabienne…

*Jocelyne Rabier est revenue aujourd'hui. Sa grossesse commence à se voir même si elle porte des vêtements qui veulent la cacher. Un œil attentif constate que son ventre s'arrondit, ses reins se cambrent. Quelle chance elle a… Et dire qu'elle ne la mesure pas ! Au contraire, cette grossesse est une catastrophe pour elle.*

*Comment vit-elle cette présence plus que gênante dans son corps ? J'ai essayé de deviner ce qu'elle pense mais je ne l'ai pas vue assez. Juste le temps de me demander de confirmer l'heure du rendez-vous et elle s'est réfugiée dans la salle d'attente. J'y serais bien allée engager la conversation mais sous quel prétexte ? Mon métier me l'interdit. En plus, elle ne m'aurait rien dit devant les autres patients. Elle ne va pas clamer sa décision partout. Sans doute éprouve-t-elle de la gêne, voire de la honte. Déjà que sa grossesse finira par se savoir. Les commères vont se faire un plaisir de cancaner, les ragots filer bon train. Elle va être jugée et condamnée sans pouvoir se défendre. Beaucoup va se dire dans son dos mais quelques vipères se chargeront de lui rapporter deux ou trois propos venimeux. La malheureuse… Je la plains. Décider d'abandonner le bébé qu'on porte doit être terrible. Mais quand c'est avec l'espoir de lui* offrir une vie meilleure, c'est un formidable acte d'amour.

Alors, je me suis replongée dans les dossiers en cours de classement et j'ai tapé le courrier. J'ai essayé d'étouffer mes sentiments, de les ignorer au moins, de retrouver cette fameuse distance qui m'avait protégée jusqu'à maintenant. Très difficile. Je n'avais pas la tête à mon travail. J'ai aussi discuté avec la mère Rombant, une fameuse pipelette celle-là, pas plus malade que moi mais qui vient consulter pour que le médecin s'occupe d'elle et que les autres villageois la plaignent. Mon attitude a dû la surprendre, elle à qui je me contente habituellement de répondre par oui ou par non. Quand Jocelyne est repartie et que le docteur a remis son dossier sur mon bureau, cela a été plus fort que moi, je n'ai pas pu m'empêcher de l'ouvrir, prise d'un fol espoir. Elle ne pouvait pas abandonner son enfant, non ! Elle avait réfléchi depuis sa précédente visite et était revenue sur sa décision. Elle acceptait de le garder... J'ai bien sûr été déçue. Mon patron a seulement noté : grossesse toujours sans problème, pas de changement sur l'issue du terme...

À nouveau, la jeune femme glissait sur d'autres sujets. François sauta donc quelques pages et reprit sa lecture.

Une idée m'est venue l'autre jour : si je donnais de l'argent à Jocelyne Rabier, peut-être garderait-elle son enfant... Donner de l'argent à cette malheureuse, quelle folie ! Je n'ai pas eu besoin de réfléchir longtemps pour m'apercevoir que c'était puéril, irréaliste et même franchement idiot. Adopter moi-même cet enfant. Aller voir cette femme pour qu'elle me le donne. En faire une mère porteuse, quoi ! Ma grand-mère paternelle, celle qui a eu neuf gamins, m'a raconté qu'une de ses cousines était stérile et lui avait proposé d'« acheter » un des siens, dans les années trente. Elle avait refusé. C'est inhumain et je crois que la loi française l'interdit à présent. Que de complications il pourrait y avoir plus tard ! La vie de l'enfant deviendrait un enfer. Sa mère biologique et ses parents adoptifs habitant à quelques pas les uns des autres...

Enfin, peut-être pour taire mes derniers scrupules, j'ai pensé à ceux qui allaient l'adopter. Je sais combien ils ont de l'amour à revendre et là, ils vont enfin pouvoir l'offrir à un gosse. La démarche qui aboutit à l'adoption est longue, difficile. Mon mari et moi, nous nous sommes renseignés mais nous n'avons pas encore eu le courage de nous lancer dans ce parcours du combattant, où seuls les plus décidés parviennent *à leurs fins. Même si ce n'est hélas pas toujours le cas, tant de tendresse retenue pendant si longtemps a des chances d'aboutir à un formidable bonheur. Cet enfant quittera sans doute une situation précaire pour une autre, stable et sécurisée. Je l'espère du fond du cœur... mais je sais que l'adoption connaît parfois des échecs...*

François attendait maintenant la naissance avec impatience. À la visite du 10 avril, la secrétaire médicale précisa que Jocelyne Rabier devait accoucher vers la fin du mois.

Il sauta encore des passages et arriva enfin à la page cruciale. Alors, pour la première fois, il pensa à regarder l'année de l'accouchement. Il constata avec amusement que c'était la même que la sienne.

Il se replongea dans la lecture. La nouvelle page s'ouvrait à la date du 20 mai.

*Je m'inquiétais. Voilà ! Un gros mois s'est écoulé sans que j'aie eu la moindre nouvelle de Jocelyne Rabier, qui avait disparu du village. Sans doute préférait-elle vivre les derniers jours de sa grossesse dans un environnement plus serein. Je la comprends. Quelques échos des ragots qui circulent dans le village me sont venus aux oreilles. Pas joli ! Qu'est-ce* que ça doit être dur à entendre quand on en est l'objet, la cible, la victime ! Jocelyne s'est volatilisée. Mais ce que je redoutais… ou espérais est enfin arrivé. Dehors, il faisait un temps splendide et je crois que je n'oublierai jamais comment j'étais habillée aujourd'hui. J'ai attaqué mon travail comme de coutume. Le docteur m'a dicté ses lettres, j'ai vérifié les rendez-vous et puis, le facteur a apporté le courrier. J'ai eu un pressentiment. Avant même de faire l'inventaire, je savais que la lettre que je craignais y serait. Je l'ai effectivement découverte. Les mots de l'administration sont toujours froids, mais là, je les ai trouvés franchement blessants. Ils annonçaient que Mademoiselle Jocelyne Rabier avait accouché sous X le 12 mai. Elle avait donné le jour à un garçon de trois kilos six cent quarante-cinq qui avait été pris en charge par les services sociaux, selon la procédure préconisée. Suivait le résultat des tests. L'enfant était en parfaite santé[1].

Mais que doit ressentir un nouveau-né aussitôt rejeté par sa mère, avec qui il n'aura jamais partagé la moindre parcelle de tendresse ni goûté la chaleur des bras et la douceur des baisers ? Je suis certaine

---

1. Aujourd'hui, les maternités n'informent plus les médecins traitants en cas d'accouchement sous X.

*qu'il en est conscient, qu'il souffre de cette absence irrémédiable. Quels douloureux premiers pas dans l'existence ! Cette blessure laisse-t-elle une cicatrice au fond de son cœur ? J'en ai peur.*

*Que va devenir ce petit bonhomme ? Je donnerais tout l'or du monde pour le savoir. Curiosité mal placée. Il a droit à sa nouvelle vie en toute intimité. L'anonymat de sa naissance le protège.*

François survola les pages suivantes. La jeune femme ne faisait plus que de rares allusions au bébé, quand sa mère biologique venait consulter. Elle voyait la fille de Jocelyne grandir et imaginait les progrès du petit. Elle annonça ainsi la décision qu'elle-même et son mari venaient de prendre : se lancer dans une procédure d'adoption pour accueillir un enfant né sous X. Ensuite, plus rien. Le journal allait s'amenuisant, s'effilochait avec le temps, comme s'il avait perdu tout intérêt. Finalement, il s'arrêtait quatre ans plus tard, sans doute lorsque la propriétaire de la machine avait remisé celle-ci.

Au moment de quitter le journal, François se demandait si Jocelyne et son mari avaient réussi à adopter un enfant quand, soudain, il eut le sentiment qu'il venait de lire quelque chose d'important. Quoi ? Il s'arrêta à peine sur la question et, finalement, haussa les épaules en ne cherchant pas davantage ce qu'il y avait d'extra-ordinaire dans ce texte. En fait, inconsciemment, il avait enregistré que l'enfant était né le même jour que Just, mais cela il ne le réaliserait que plus tard.

# chapitre 5

## Lundi morose

**François posa le sac** sur sa table de travail, l'ouvrit et, son emploi du temps en tête, en contrôla le contenu. Il quitta ensuite sa chambre et vérifia que Charly occupait son panier dans le sous-sol, que ses gamelles étaient remplies d'eau et de croquettes. Enfin, après avoir ajusté une bretelle de son sac sur son épaule, il se dirigea vers la porte d'entrée. Il était le dernier à partir.

Le soleil encore bas qui l'accueillit lui fit froncer les sourcils. À l'arrêt du car, il attendit peut-être un peu plus que d'habitude et poussa un soupir quand le véhicule des *Rapides du Loiret* ouvrit sa porte.

— Hou ! fit-il remarquer au chauffeur. Y a pas grand-monde, ce matin.

Nombre de places étaient effectivement vides. François s'assit au premier rang, derrière le conducteur, à côté de Just, monté à l'arrêt précédent.

— Ça va ?

— Bah ! Et toi ?

— Ça va plutôt bien !... Tu as le cafard ? Tu repenses à Singapour ?

— Non !

— Tu as mal dormi ?

— Pas tant que ça…

François allait relancer la conversation mais se ravisa. Il valait peut-être mieux laisser Just tranquille. Il tenta d'abord de s'accrocher aux bribes de la conversation dans son dos :

— T'as vu la piquette qu'a prise Marseille, samedi soir ?

— Et le PSG, tu crois qu'il s'en tire mieux ?

— Pouh ! Les places sont jouées, en championnat…

Il ne s'intéressait pas au foot et se laissa bercer par le ronronnement du moteur, regardant défiler le paysage. Comme les autres jours, une certaine agitation régnait déjà dans le bourg de Cerdon. Feux de détresse allumés, un camion livrait le pharmacien. Une queue s'étirait devant la boulangerie. Plusieurs personnes âgées discutaient sur le trottoir. Au carrefour de la mairie, le chauffeur pesta après une voiture qui n'osait pas s'engager.

Quelques minutes plus tard, le bus atteignit la Loire, franchit le pont de Gien. L'eau miroitait au soleil, offrant au regard mille clins d'œil scintillants. Des sternes plongeaient et brisaient ces reflets comme si elles cherchaient à attraper la lumière.

François esquissa le geste de se lever quand le car s'arrêta devant le lycée. Just le retint.

— T'affole pas ! Laisse les autres descendre. Moi, je suis aussi bien assis.

François obtempéra, docile. Le sac posé sur les genoux, Just lui offrit un sourire fade. Ils gagnèrent la cour quelques instants plus tard. Les autres élèves s'éloignèrent dans une joyeuse pagaille. Just s'assit dès le premier banc atteint. François resta debout. Les mains accrochées aux bretelles de son sac, il regardait avec insistance les bâtiments ocres.

— T'as réussi à réparer ton ordinateur ? lui demanda bientôt Just.

François se retourna, sourit.

— Ouais ! Mais ça n'a pas été facile. J'ai dû tortiller de la ferraille et percer un trou pour fixer une nouvelle alimentation. Enfin, il marche et c'est l'essentiel...

La cloche retentit. François en fut soulagé. Il ne put cependant s'empêcher de remarquer au moment d'entrer en classe :

— T'aurais peut-être mieux fait de rester chez toi. Tu ne serais pas le seul à avoir une gastro.

Just lança, crispé :

— Je suis pas un élève modèle mais je n'aime pas sécher. Quitte à m'ennuyer, je préfère que ce soit au lycée avec les copains que seul à la maison. J'ai envie de profiter à fond de ma dernière année scolaire sans examen...

Une fille d'une autre classe accrocha François à la récréation. Elle avait un souci avec son ordinateur et lui demanda conseil. Les deux amis ne se retrouvèrent vraiment qu'à l'heure du déjeuner.

Les odeurs chaudes et colorées de cuisine se

glissaient dans le couloir. Elles annonçaient un bon repas. Le restaurant du lycée Bernard-Palissy avait en effet excellente réputation et proposait des menus alléchants.

— Allons ! Allons ! On ne se bouscule pas ! Vous faites la queue et passez à votre tour.

Jérôme, le surveillant de service, tenait les mêmes propos tous les jours, qu'il y ait bousculade ou pas. Cela amusait habituellement les garçons mais là, Just ne répondit pas au regard complice de son ami et souffla :

— J'ai pas faim. Je ne vais pas prendre grand-chose.

Ils se trouvaient alors devant la baie vitrée qui donnait sur la cour. La lumière entrait à flots. François s'étonna intérieurement de la pâleur de Just. La file avança lentement. Une vague la parcourut soudain.

— Hé ! protesta Sonia. Pas d'affolement…

— Non, mais ça va pas !

— Allons ! Allons ! On ne se bouscule pas ! Vous faites la queue et passez à votre tour.

Les deux amis s'installèrent peu après à une table. Just n'avait pris qu'un yaourt. Il retira l'opercule du pot.

— Hé ! constata François. T'as vraiment pas faim ?

— Non, je te dis.

— T'es sûr que tu ne veux pas manger autre chose ? On peut partager mes plats.

— Non, merci. Si je n'ai pris qu'un yaourt, c'est pas pour piquer ensuite dans ton plateau… Et puis aujourd'hui, je vais te dire, rôti de dindonneau et jardinière de légumes, ça ne me tente pas…

— T'as tort parce que c'est bon, lui fit remarquer François, qui s'attaquait d'emblée au plat principal.

Il mangerait l'entrée plus tard.

Ils déjeunèrent en silence puis gagnèrent le foyer.

— On ne va pas dehors plutôt ?

— Non ! Je préfère rester à l'intérieur. Il y fait plus frais.

Les lycéens qui souhaitaient lire pouvaient se rendre au CDI, voisin du foyer. Celui-ci avait été mis à disposition des élèves au retour des vacances de Noël. Il était meublé avec trois coins salons, quelques fauteuils, une dizaine de tables et des chaises. Un baby-foot se trouvait à l'opposé des coins salons. Un des murs était décoré de tags réalisés avec le professeur d'arts plastiques. Ce foyer avait connu un grand succès jusqu'à l'arrivée des beaux jours mais, maintenant, seule une dizaine d'adolescents le fréquentaient encore.

François et Just s'installèrent sur des fauteuils. Au baby-foot, quatre garçons jouaient une partie acharnée ponctuée d'éclats de rire et d'exclamations. Just annonça, presque jovial :

— Tu sais que mes scalaires ont pondu, hier, après que tu sois parti ? Tu aurais vu ! C'était beau. On aurait dit qu'ils dansaient. La femelle collait ses œufs avec délicatesse sur une grande feuille et le mâle passait derrière elle pour leur donner sa semence…

— Ils vont avoir des petits ?

— J'espère, mais c'est délicat. Va falloir que je fasse gaffe. Jusqu'à maintenant, j'ai réussi à faire se reproduire des platys et des guppys mais là, des scalaires, c'est beaucoup mieux.

— En quoi ? Ils ne sont pas si colorés.

— C'est vrai, mais j'adore leur nage majestueuse ! Et puis, ces poissons pondent des œufs.

Il y a une part de mystère, dans les œufs. Les petits des autres éclosent dans le ventre de leur mère et nagent dès leur naissance. J'aime moins…

— Et tes œufs, ils vont éclore dans combien de temps ?

— Deux ou trois jours, d'après ce que j'ai lu, mais je te dis, c'est délicat. Je ne suis pas sûr de réussir. Déjà, il a fallu que je les isole des parents qui commençaient à les bouffer. Enfin, on verra. Ça ajoute au mystère… Je t'ennuie, avec mes bestioles ?

François se redressa et protesta :

— Non ! Pas du tout !

— Moi, les poissons. Toi, l'informatique. Chacun ses bêtes !… Hé, au fait, puisque ton ordinateur est réparé, tu as pu retourner dans le journal de la secrétaire médicale ?

François esquissa un sourire goguenard.

— Hé ! Hé ! Il t'intéresse vraiment, ce journal. Ouais, sans problème !

— Et alors ?

François prit le magazine qui se trouvait devant lui. Le feuilletant avec une apparente désinvolture mais le cœur terriblement serré, il avoua :

— Bah ! C'est du mélo sans intérêt. J'ai laissé tomber…

Un bruit sec éclata du côté du baby-foot.

— Gamelle ! hurla un des joueurs.

— Bon ! Si on parlait d'autre chose…

Au retour, alors que le car de ramassage ralentissait pour stopper devant l'arrêt de François, Just affichait un teint vraiment pâle.

— Je suis sûr que la gastro te guette, lança François en quittant son siège. Moi, à ta place, j'en parlerais à mes parents.

— Bah ! Ne t'en fais pas, ça ira mieux demain. Allez, salut ! À demain !

— À demain !

Le car arrêté, la porte s'ouvrit et, soudain, François éprouva l'envie irrépressible de lui avouer la vérité :

— Tu sais, le journal, c'est pas une histoire d'amour, enfin, pas une classique. La secrétaire médicale raconte un accouchement sous X…

— Bon ! Tu descends ? ronchonna le chauffeur. Tu n'es pas le seul, ici, les autres aussi veulent rentrer chez eux. Vous aurez demain pour discuter…

François offrit un dernier regard à son ami et eut la terrifiante impression d'en avoir dit trop ou pas assez.

— À demain !

— À demain !

# chapitre 6

## Coïncidence

**François perçut les jappements** de Charly dès qu'il eut poussé la porte. Il posa son sac sur le meuble d'entrée et dévala l'escalier qui menait au sous-sol. L'instant d'après, le chien lui faisait la fête. Il se pencha, prit la tête de l'animal et le fixa dans les yeux.

— Bonjour, Charly ! Tu es content de me revoir, hein ?

Le caniche échappa à l'emprise de son maître et bondit à nouveau autour de lui. Il se figea soudain, se baissa pattes avant tendues puis aboya de plus belle.

— Oui ! J'ai compris ! T'as pas besoin de me casser les oreilles !

François gagna la porte du garage, l'ouvrit et Charly sortit en trombe. Il le regarda tourner de-ci de-là, la truffe au ras du sol, reniflant la terre en hâte avant de se diriger vers le pied de l'althæa, qu'il arrosa après avoir levé la patte arrière droite.

L'adolescent regagna alors la cuisine et sortit une brioche dont il coupa deux tranches qu'il glissa dans le grille-pain. Une odeur alléchante envahit la cuisine. Peu après, François s'installa à la table et mangea ses morceaux de gâteau accompagnés d'un verre de jus d'orange.

L'année scolaire était très avancée, la plupart des programmes bouclés, et même si François n'avait pas une excellente mémoire, devoirs et leçons n'étaient plus guère que des formalités qu'il expédia.

À son bureau, il se demandait quoi faire. Il pensa ordinateur et décida de créer un CD avec quelques-unes de ses musiques préférées. Il se mit au travail. Seulement, cette occupation ne lui prit guère plus d'une demi-heure et il se retrouva à nouveau désœuvré une fois l'appareil éteint.

— Just, souffla-t-il soudain. Qu'est-ce qui m'arrive ? Bon sang ! Et si…

Le souvenir de son ami à sa descente du car lui revint en mémoire. Un terrible sentiment de culpabilité l'assaillit. Violent. Irrépressible. Atroce.

François se leva d'un bond et se précipita vers le téléphone. Il lui fallait tout révéler, maintenant, vraiment tout révéler. Il avait déjà le combiné en main et s'apprêtait à composer le numéro quand il se dit que le remède risquait d'être pire que le mal. Il revint donc devant son ordinateur.

Il resta prostré de longues minutes, le regard perdu au-delà de l'écran noir. Il pensa d'abord qu'il se faisait des idées puis, plus il réfléchit, plus la vérité entrevue tout à l'heure s'imposa. Oui, le simple fait d'évoquer l'accouchement sous X avait troublé Just. Il chercha des raisons et, plus les minutes passaient, plus il trouvait cette réaction normale. Just souffrait d'avoir été abandonné à sa naissance et voilà que son meilleur ami découvrait la trace d'un autre garçon ayant subi le même sort que lui. François n'en avait pas dit davantage mais son ami pouvait immédiatement avoir brodé sur ces quelques mots lâchés malgré lui, après avoir tu la vérité. Qu'avait-il alors imaginé ? Peut-être même avait-il lu dans ses pensées. Ils se connaissaient si bien.

François eut soudain l'impression d'avoir mis la main dans un abominable engrenage. Il eut peur d'être trop engagé. Seulement, il n'était pas le seul embarqué dans cette galère.

— Non ! Ça ne peut pas être…

Il venait enfin de réaliser que la date de naissance de l'enfant était la même que celle de Just. Il ralluma son ordinateur et réfléchit pendant l'initialisation.

Il avait le nom du village dans lequel travaillait la jeune femme : Ramoulu. Just lui avait dit être né à Pithiviers, dans le Loiret. Ce département était grand et le village avait autant de chances d'être proche d'Orléans ou de Montargis que de Gien.

L'ordinateur acheva la procédure de mise en route. François cliqua sur l'icône de l'atlas routier puis tapa « Ramoulu » dans la recherche d'itinéraire. Le logiciel indiqua qu'il ne connaissait pas. Alors, le garçon rejoignit le bureau de ses parents et ouvrit l'atlas routier.

— Voyons voir, Ramoulu… Ramoulu… Ah, lui connaît ! C'est pas si petit que ça. Carte 41, GA 14…

Ramoulu était à moins de dix kilomètres de Pithiviers !

François remonta dans sa chambre, s'allongea sur le lit. Ce qu'il trouvait de plus en plus probable devait pourtant être impossible. C'était trop extraordinaire.

Il se rappela cette discussion avec Just :

« Ouais ! Je suis né à Pithiviers, lui avait affirmé son ami. À l'époque, il y avait encore une maternité. Elle était même réputée. Les femmes venaient de très loin pour donner naissance à leurs bébés. Il y avait beaucoup d'accouchements à Pithiviers. N'empêche que moi, j'ai été le seul garçon à y naître ce jour-là.

— Comment tu le sais ?

— Une amie de mes parents travaillait à la mairie de Pithiviers, il y a encore quelques années. Pas à l'état civil, dans un autre service, mais, un jour, elle a pu fourrer son nez dans le registre. C'est elle qui nous l'a dit. Il y a eu cinq naissances ce jour-là : quatre filles et un seul garçon. Le garçon, c'est moi…

— Ben, alors, elle a pu lire le nom de ta mère sur l'acte de naissance.

— Non ! En nous donnant le premier renseignement, elle avait déjà commis une faute professionnelle et elle ne pouvait pas aller plus loin. Ensuite, le nom de la mère biologique ne figure pas sur le premier acte de naissance.

— Le premier acte de naissance ! Tu es né deux fois ?

— En quelque sorte ! Un deuxième acte a été établi quand mes parents m'ont adopté. Celui-là, c'est l'officiel. L'autre se trouve toujours dans les archives de la mairie. Sur le premier sont écrits mes trois prénoms, ceux que je porte encore aujourd'hui. C'est le gars de l'état civil qui a enregistré ma naissance qui mes les a donnés… ou ma mère biologique…

— Ta mère biologique ?

— Oui, la loi le permet. Une femme qui accouche sous X peut donner les prénoms à son bébé. Mes parents ont voulu les garder. Ils se sont dit que, si ma mère biologique me les avait donnés, ça me permettait de garder un lien avec elle.

— C'est top !

— Ouais ! Seulement, d'un autre côté, même si ces prénoms m'ont été donnés par ma mère biologique, je suis né sous X, je suis né de mère *inconnue*. Trois syllabes… mais qu'est-ce qu'elles font mal ! À l'époque, pour mille accouchements, on en comptait un sous X… Il a fallu que ça tombe sur moi. Je n'ai vraiment pas eu de pot !

François revoyait le visage de Just à sa descente du car. Un accouchement sous X sur mille !

« C'est impossible ! »

François essaya de se convaincre. Se balader dans les vieux ordinateurs ne pouvait pas prêter à conséquence, en tout cas pas à de pareils bouleversements. La vie de Just risquait d'être chamboulée, s'il voulait tout savoir. François ne pourrait lui cacher longtemps la vérité.

L'adolescent se releva, s'assit devant son bureau, posa sa tête entre les mains et resta ainsi de longues minutes.

Et puis, tout doucement, il reprit espoir.

Non ! Un tel hasard était impossible. Déjà, trouver trace d'un enfant né sous X le même jour que Just, dans le même département, était extraordinaire, mais que ce garçon soit de surcroît

Just lui-même était totalement fou ! Une telle coïncidence était plus qu'improbable, dans la vie ! Ce n'était pas parce que Jocelyne Rabier habitait à côté de Pithiviers qu'elle y avait accouché. Fabienne Dezé disait d'ailleurs qu'elle avait disparu de Ramoulu pendant le mois qui avait précédé son accouchement. Sans doute était-elle partie loin, peut-être à l'autre bout de la France. Et puis… Mais, oui ! C'était lui, François, qui avait décrété que l'accouchement s'était déroulé dans le Loiret.

Il vérifia immédiatement.

C'était ça. La secrétaire médicale ne disait pas que l'enfant était né dans le Loiret. Comme un imbécile, François avait interprété, il était allé trop loin. Son ami ne pouvait pas être l'enfant du journal. C'était totalement impossible. Il se le répéta pendant d'interminables minutes mais ne parvint pas à effacer un soupçon de doute.

Il lui fallait une certitude.

Alors, François cliqua sur l'icône du minitel. L'appareil proposa la fenêtre adéquate. Le garçon tapa 3611. Une fois le sommaire affiché, il écrivit *Rabier* puis *Ramoulu* et, enfin, *45*, avant d'appuyer sur la touche envoi. Il s'affola lorsqu'il vit s'afficher plusieurs Rabier. Il lut à haute voix :

— Jean-François, Manuel, Pierrette et Robert ! Ouf ! Il n'y a pas de Jocelyne.

# chapitre 7

## Absence inexpliquée

**Il devait être huit heures.** Pas un soupçon de vent. Les dernières gouttes de rosée s'évaporaient sous les rayons déjà ardents. Le frêne allongeait son ombre sur le chemin des Rouches, impalpable barrière. Un couple de pigeons ramiers s'échappa pour se poser sur le faîte de la grange du père Gauron. Un lapin de garenne s'engouffra dans son terrier.

La nature baignait dans une douce quiétude que François ne partageait pas.

Il avait très mal dormi, se réveillant à plusieurs reprises, ressassant ses recherches, ruminant ses doutes.

François se posait beaucoup de questions. Quelle allait être la réaction de Just ? Qu'avait-il deviné exactement ? Ferait-il comme si de rien n'était ? Serait-il fâché ? Quelle attitude adopter ? Tout lui dire dès le premier regard ? Attendre d'être au lycée ? Patienter jusqu'au retour après la classe ? Déguiser la vérité en ajoutant qu'il regrettait de lui avoir procuré une fausse joie ? Il n'avait cependant pas besoin de mentir pour maudire l'idée qu'il avait eue de fourrer son nez dans ce journal intime.

Un lézard ou peut-être un serpent frétilla dans l'herbe à son passage et le fit sursauter. François donna un coup de pied dans un caillou qui bordait le chemin et se compara aussitôt à celui-ci. Trop tard maintenant pour réagir ! Il n'avait plus qu'à rebondir au gré des obstacles et s'arrêter là où le hasard le déciderait. Le coup de pied, il se l'était donné lui-même, deux jours plus tôt, en lisant ce journal. Il roulait, depuis. L'affaire était partie et lui avait échappé. Comment cela évoluerait-il ? Comment cela finirait-il ?

Arrivé à l'arrêt du car, il aspira un grand bol d'air et prit la décision de ne rien dire. Bien sûr, cela allait changer sa relation avec son ami puisque, maintenant, il lui cacherait quelque chose, mais c'était mieux comme ça.

Un vol de corbeaux s'échappa d'un champ pour se réfugier dans le rideau de peupliers qui barrait l'horizon.

L'impatience gagna François.

Sa décision était prise et il trouvait que le car tardait vraiment à venir.

« Pourvu qu'il ne soit pas en panne ! »

Cela s'était produit cet hiver. Il avait eu froid mais ce retard lui avait fait rater le cours de musique, ce qui n'était pas pour lui déplaire, tant il détestait le professeur. Là, pas de température glaciale à supporter et le premier cours n'avait rien d'un calvaire.

Enfin, il aperçut la silhouette du véhicule. Il eut peur, tout à coup.

Le car dérapa un peu sur les gravillons avant de s'arrêter. François accrocha la rampe d'une main moite. Il monta les quelques marches et son regard arriva à hauteur des premières places.

Celle de Just était vide.

Tandis que le car redémarrait, il inspecta les travées. Il y avait encore beaucoup d'absents et Just comptait bien parmi eux.

François ne sut s'il devait s'en réjouir :

« Bah ! Il a pas entendu sonner son réveil. »

Ça arrivait à Just de temps en temps. Il venait alors au lycée en vélo. En plus, la météo d'aujourd'hui invitait à pédaler. Il n'avait pas eu son compte de VTT, dimanche.

François guetta, sitôt le portail franchi. D'habitude, lorsqu'il arrivait seul, il passait d'abord saluer les autres élèves de sa classe. Là, il resta concentré sur la rue qui amenait au lycée, indifférent aux bruits qui l'entouraient. Il n'aperçut pas hélas la silhouette familière. Un surveillant l'empêcha d'attendre plus longtemps :

— Hé, la cloche a sonné…

François gagna la classe à contrecœur. Il ne fut guère attentif au cours. La professeur lui fit même une remarque lorsqu'elle le surprit en train d'épier le garage à vélos par la fenêtre.

À l'interclasse, François s'inquiéta pour de bon. Ce fut presque avec soulagement, alors que le cours suivant venait juste de commencer, qu'il entendit frapper à la porte.

— Entrez !

François retirait déjà son sac de la chaise voisine mais seul un surveillant montra le bout du nez.

Le professeur lui demanda ce qu'il désirait.

— Just Sormain est malade. Ses parents viennent de téléphoner.

— Qu'est-ce qu'il a ?

— Je ne sais pas. Le médecin passera dans la matinée et ils enverront un certificat médical.

« La gastro, se hâta cette fois de penser François. J'avais raison, hier… »

Dernier cours. La séance de gymnastique traînait en longueur.

— Allez, François, un peu de nerf !

Du nerf ! Le garçon n'avait que ça. Il était même sur les nerfs et cela lui coupait les jambes ! Déjà qu'il n'aimait pas le saut en hauteur, mais là, cette série de sauts était pour lui un véritable enfer. Cependant, la professeur de gym était sympathique et il mit un peu plus de conviction dans sa nouvelle course d'élan.

Quelques minutes plus tard, alors qu'il se changeait, il décida d'aller voir son ami dès son retour. Là, il lui faudrait maîtriser ses nerfs coûte que coûte.

# chapitre 8

## Urgence

**À la fin de la gymnastique,** François avait donc décidé d'aller voir Just mais, une fois dans le bus, sa résolution faiblit. Il se surprit d'abord à espérer une panne du car. Ensuite, il mit un temps fou à rejoindre la maison, à sortir Charly, à goûter. Enfin, il vérifia son vélo avec un soin zélé.

Il lutta cependant contre la tentation de ne pas rendre visite à Just. Il se dit que, de toute manière, il devait lui porter leçons et devoirs. Son ami l'avait fait en janvier lorsque lui, François, avait attrapé une mauvaise grippe.

Quand il enfourcha sa machine, bien que très peu chargé, son sac pesait sur ses épaules. Les instants qui allaient suivre seraient pénibles. Il en était sûr. Pour ne rien arranger, le vent venait de tourner à l'ouest et soufflait en rafales, amenant de nombreux nuages noirs. La météo ne s'était trompée que de vingt-quatre heures.

François prit le dernier virage et aperçut la voiture de la mère de Just garée devant la maison. Elle travaillait à Sully-sur-Loire et, habituellement, elle n'était pas encore rentrée à cette heure.

La maison semblait endormie.

François posa son vélo en douceur contre le mur et s'approcha du bouton de sonnette. Il allait appuyer quand la porte s'ouvrit et la mère de Just apparut, le visage grave.

— Bonjour ! Ne sois pas surpris, expliqua-t-elle. Je t'ai vu arriver…

— Bonjour, Madame, lança François en souriant. J'apporte les leçons et devoirs à Just.

Elle tendit la main pour les prendre.

— Je ne sais pas s'il pourra les faire. C'est gentil tout de même…

— Je… Je peux le voir ?

— Oui… mais ne le fatigue pas. Il est très faible. Il est réveillé depuis peu…

Et elle s'effaça.

— Merci, Madame, souffla-t-il, hésitant entre soulagement et angoisse lorsqu'il s'engagea dans le passage.

— Tu connais le chemin. Je ne t'accompagne pas.

François aimait l'odeur douce qui flottait habituellement dans la maison de son ami, avec une pointe de lavande qui le rassérénait. Là, une autre odeur s'était ajoutée et le troublait, indéfinissable, sournoise. En haut de l'escalier, il n'alluma pas la lampe du couloir baigné de pénombre et frappa doucement à la porte.

— Entrez !

François poussa le battant et l'odeur inconnue l'assaillit. Elle provenait de cette pièce.

En arrivant, François n'avait pas remarqué que les volets de la chambre de Just étaient en partie fermés. Seul un mince rayon de lumière filtrait par la fente centrale et jouait avec les grains de poussière qui flottaient dans l'air.

Just se redressait lentement pour allumer sa lampe de chevet.

— Non ! Laisse ! Il y a déjà la lumière de tes aquariums. Et, avec la pénombre, on est plus au frais. Dehors, il fait une chaleur épouvantable. Ça ne m'étonnerait pas qu'un orage éclate…

Just s'assit. Chaque mouvement semblait lui coûter. Sa respiration accéléra.

François lâcha :

— Bonjour ! Je… Je t'apporte tes leçons et tes devoirs.

— Y en a beaucoup ?

— Pas grand-chose… T'es même pas obligé de les faire… Surtout qu'on est en juin…

François ne savait déjà plus quoi dire et Just se taisait. Il ne put tenir longtemps, plongea sa main gauche dans ses cheveux et demanda d'une voix qu'il reconnut à peine :

— Ça… Ça va ?

Just aspira une grande bouffée puis avoua :

— Pas fort ! Je ne suis vraiment pas brillant.

Malgré la lumière atténuée des aquariums, François constata que la pâleur de son ami s'était encore accentuée. Il n'osa pas lui en faire la remarque mais Just expliqua :

— Tu dois me trouver une drôle de mine… Je suis blanc, vraiment blanc…

— Finalement, t'as bien fait d'en parler à tes parents. Je te l'avais dit…

— Tu parles, je ne pouvais pas faire autrement ! Ce matin, je me suis mis à saigner du nez. Une vraie fontaine. Ça pissait et pas moyen d'arrêter le sang. En plus, j'étais complètement crevé. Au réveil, tu te rends compte ! Mes parents ont décidé de ne pas laisser traîner les choses. J'ai beau ne pas être du genre à m'affoler, ça m'a tout de même impressionné et j'étais plutôt soulagé.

— Qu'est-ce que t'as, alors ? La gastro, ça ne fait pas saigner du nez.

— Pour l'instant, on ne sait pas. Mes parents parlent de pâleur et d'anémie. Le médecin est passé en fin de matinée, mais, tu le connais, dans le genre carpe, il est pas mal. Il ne m'a rien dit mais il a ordonné une analyse. L'infirmière est passée vers deux heures. Elle m'a fait une prise de sang que ma mère a tout de suite portée au labo… Mon père doit ramener les résultats en revenant du boulot.

Un bruit de moteur se glissa dans la chambre. Just afficha un sourire inquiet.

— Tiens ! Le voilà !

Le silence retomba et les garçons épièrent les bruits atténués parvenant de l'extérieur. La portière de la voiture claqua. M. Sormain se racla la gorge. Ses pieds crissèrent sur les gravillons. La porte d'entrée s'ouvrit.

— Tu as les résultats ?

La voix de la mère de Just arriva, assourdie, mais les garçons perçurent l'inquiétude dans ses mots.

— Oui ! La secrétaire du laboratoire m'a invité à téléphoner immédiatement au médecin.

— C'est grave ?

— Je ne sais pas ! Elle n'a rien précisé mais elle a vraiment insisté.

Le père posa son attaché-case, l'ouvrit, en tira quelque chose. François reconnut le bruit d'une enveloppe qu'on déchire. Il entendit le père prendre le téléphone. Quelques secondes plus lourdes encore passèrent.

— Allô, est-ce que je pourrais parler au docteur Molier, s'il vous plaît ?... C'est pour lui communiquer les résultats de l'analyse de sang de mon fils, Just Sormain... Allô, docteur Molier ?... Oui, oui, les voici...

Suivirent alors une énumération de noms et de nombres puis un nouveau silence. Enfin :

— Oui, docteur. Est-ce qu'on doit appeler une

ambulance ?... Bon, nous y allons tout de suite...

La porte s'ouvrit quelques instants plus tard, inondant la chambre de la lumière agressive du couloir.

— Viens, Just ! ordonna sa mère. On doit t'emmener à l'hôpital de La Source[1]. Habille-toi pendant que je prépare ta valise...

Rien ne se déroulait comme François l'avait imaginé. Au moment de quitter la chambre, il posa les yeux sur le dragon et le billet de Singapour, et il frissonna.

---

1. Centre hospitalier régional d'Orléans.

# chapitre 9

## Solitude

**La famille dînait** et, couché sous la table, Charly attendait l'arrivée du fromage.

— La situation en Irak se détériore encore. Trois nouveaux soldats américains ont été…

Le journaliste égrenait les nouvelles noires d'une voix neutre.

François tournait sa fourchette d'un geste mécanique. Les spaghettis s'enroulaient autour des dents sous son regard indifférent. Il prolongea son mouvement et le manège aurait duré encore longtemps si sa mère ne lui avait pas demandé :

— Quelque chose ne va pas, François ?

Il releva la tête, planta ses yeux dans les siens. Il ressentit un certain soulagement mais se contenta de grogner un « Non ! » abattu avant de fourrer sa fourchette dans sa bouche et de replonger le nez dans son assiette.

Sa mère se leva alors et arrêta la radio. Dans ce cas, Guillaume protestait. Là, il ne dit rien. Sa compagne revint, se rassit puis insista :

— Quelque chose ne va pas, François ?

L'adolescent n'avait pas envie de parler, mais il fit un effort et avoua tout en continuant à farfouiller dans son assiette :

— Oui ! Just a des problèmes.

— Je m'en doutais… Tu es allé lui porter ses devoirs, n'est-ce pas ? Il est souffrant ?

— Ses parents viennent de l'emmener à l'hôpital…

— Ah ! Effectivement…

— Qu'est-ce qu'il a ? demanda Guillaume, soudain alerté.

François serra les dents et se crispa. Sa fourchette crissa sur l'assiette. Sa mère reprit la question. Il avoua finalement d'une voix peu aimable :

— On ne sait pas ! Ce matin, il a saigné du nez. Et pas qu'un peu ! Il est blanc comme c'est pas possible et il n'a plus de forces. Le médecin a dit de l'hospitaliser. C'était urgent...

Et François se tut. Sa mère le réconforta comme elle put durant de longues minutes :

— Tu sais, ce n'est pas parce qu'on est hospitalisé que c'est dramatique. C'est sérieux mais pas obligatoirement très grave... Peut-être que le médecin préfère prendre quelques précautions... En intervenant le plus vite possible, on évite souvent des complications... Deux ou trois jours d'observation et Just rentrera chez lui, tu verras...

François regagna sa chambre, vaguement rassuré. Il jeta un œil à la carte de Singapour et se demanda un instant si son ami n'avait pas ramené quelque maladie de là-bas.

La température n'avait que très peu baissé dans la nuit. L'atmosphère était lourde, pesante, à la limite du supportable. Le temps s'était détérioré un peu plus et le ciel était particulièrement chargé. Le vent d'ouest avait encore forci. Les hirondelles volaient bas et des coups de tonnerre roulaient au loin. La pluie ne mettrait plus longtemps à pointer le bout de ses gouttes...

François ne s'était jamais senti si seul dans le car. La place de Just était évidemment restée vide. Le ronronnement du moteur avait adopté les tonalités d'un souffle monstrueux et chaque changement de vitesse se transformait en rugissement de rage.

Les premiers cours n'eurent qu'un goût d'ennui et d'inquiétude latente. À la récréation, la professeur de français, également professeur principale de la classe, arrêta François. Elle remarqua :

— Tu as l'air préoccupé. Je sais que tu es très ami avec Just. Son absence t'inquiète ?… Ses parents nous ont apporté le certificat médical, ce matin. Il a été hospitalisé, n'est-ce pas ?… As-tu des nouvelles plus précises ?…

François confirma que Just avait été hospitalisé la veille au soir. La professeur désirait en savoir davantage, mais l'adolescent ne pouvait pas lui en dire plus qu'à sa mère. L'enseignante, embarrassée, voulut aussi être optimiste, bloquant ainsi François de longues minutes. Il n'osa pas abréger l'entretien.

La pluie fut peut-être encore plus soudaine et

violente qu'elle s'annonçait. Une pluie serrée, pénétrante, avec des gouttes énormes et quelques grêlons qui martelaient les toitures. Les gouttières vomissaient leur trop-plein à même les murs. Les coups de tonnerre grondaient à intervalles de plus en plus courts et de gigantesques éclairs déchiraient la pénombre.

Les élèves s'étaient agglutinés sous le préau trop petit. L'endroit était assourdissant. François rejoignit le CDI, lui aussi surpeuplé mais heureusement plus calme. Les ordinateurs étaient bien sûr déjà tous occupés. Il rejoignit le coin des usuels et sortit un dictionnaire.

« Voyons… »

François suspendit son geste. Allons bon ! Il avait oublié le mot que les parents de Just avaient employé en parlant de son état. Il se souvenait seulement qu'il commençait par « a ». Et il eut beau se creuser la cervelle, pas moyen de s'en rappeler. Le temps passait. Se maudissant, il chercha au hasard. Tout à coup, il vit « asthénie » et lut sa définition :

*Manque de force, état de dépression, de faiblesse pour des raisons neuropsychiques, alors que l'adynamie est musculaire.*

La cloche sonna.

Il n'« accrochait » pas vraiment avec madame Labrune, la professeur de biologie, avec qui il avait cours maintenant. Autant dire qu'il rejoignit la salle de classe plus qu'à contrecœur.

Dès son retour, avant même de déjeuner, il irait prendre des nouvelles de Just auprès de ses parents. Dehors, il pleuvait encore dru et, lorsqu'il sauta dans le car, bon dernier, il était déjà trempé.

# chapitre 10

## Très grave

**Arc-bouté sur les pédales,** François luttait contre un pénible vent d'ouest qui retombait à peine entre deux rafales. Le souffle court, il ignorait ses cuisses qui le brûlaient. La pluie hachait l'air, lui fouettant bras et visage avec férocité.

La maison de Just déchira l'écran liquide au dernier moment. Elle apparut sur le gris sombre du ciel, fantomatique. La voiture de monsieur Sormain était garée devant.

François laissa son vélo sans se préoccuper de l'endroit où il l'abandonnait, puis rejoignit l'entrée au pas de course. Il appuya sur la sonnette.

NÉ DE MÈRE INCONNUE

Le carillon retentit à l'intérieur. François n'entendit personne approcher, la pluie tombait trop fort et une gouttière gargouillait à proximité. Il se balançait d'une jambe sur l'autre, lorsque la porte s'ouvrit enfin. Monsieur Sormain apparut :

— François ! Tu es trempé ! Entre !

L'adolescent afficha un sourire aussi humide que gêné et esquissa un geste de refus avant de lâcher :

— Non ! Non ! Je vous remercie. Je risque de salir. Et puis je ne fais que passer.

— Entre, je te dis ! insista monsieur Sormain qui se fit presque suppliant.

— Non ! Je vous assure !

— Allez ! Viens sur le tapis. Tu seras au moins à l'abri.

François avança enfin d'un pas. Ses baskets inondées laissèrent échapper un bruit incongru.

— Je... Je ne veux pas vous déranger. Je viens prendre des nouvelles de Just. Qu'est-ce qu'il a exactement ?

Monsieur Sormain expliqua d'une voix faussement calme :

— Les examens ne sont pas tout à fait terminés mais on craint déjà une leucémie. Un problème de sang. C'est pour ça que Just a saigné du nez et qu'il était si faible…

— Ah, oui, l'asthénie…

— L'anémie, tu veux dire. Just est anémié…

François comprit qu'il s'était affolé pour rien. Il ne se réjouit pas pour autant et demanda :

— Et la leucémie, c'est… c'est grave ?

— Oui, et… et même très grave… Mais, pour l'instant, on ne sait pas encore de quelle leucémie il souffre. Les médecins nous ont dit qu'il en existait différentes formes, plus ou moins graves, mais ils ne nous ont pas caché que c'était extrêmement sérieux. Les examens vont se poursuivre. Ma femme est restée avec lui… Je vais les rejoindre…

— Je… Je pourrais le voir aussi ? J'aimerais… et, peut-être que ça lui remonterait le moral…

— Non, regretta monsieur Sormain. Tu es gentil mais, pour l'instant, ce n'est pas possible. Les visites sont réduites au maximum. On va peut-être le transférer dans un nouvel hôpital, dans un service spécialisé. J'espère que tu pourras bientôt te rendre auprès de lui. Je suis certain qu'il serait heureux de te voir et que ce serait excellent pour sa guérison, mais j'ignore quand tu pourras venir. Si tu veux, je te téléphonerai dès que nous aurons des précisions. Ce soir, j'espère. Ça t'évitera de te tremper à nouveau. Je crois que le temps va rester à la pluie… Rentre vite chez toi ! Tu pourrais attraper froid. On a assez d'un malade dans le secteur…

François lui sourit tristement. C'est tout ce qu'il avait trouvé pour se donner une contenance. Monsieur Sormain ajouta :

— Et merci de t'inquiéter pour ton copain. C'est un mauvais moment à passer mais, tu verras, ça va s'arranger. Il nous reviendra en pleine forme et vous allez bientôt refaire pas mal de kilomètres ensemble !

L'ordinateur de François n'était pas un modèle de rapidité. En plus, perdu au fond de la campagne, impossible de bénéficier de l'ADSL, l'adolescent devait se contenter de l'Internet à petite vitesse. Il enrageait toujours en constatant la lenteur de son appareil. Aujourd'hui, c'était encore pire. Une peur diffuse accentuait son impatience.

— Allez, pépère, il y a urgence !

Il pensait à Just et à sa leucémie. En fait, il

avait déjà entendu parler de cette maladie. C'était une sorte de cancer du sang… Et, comme beaucoup de cancers, la leucémie pouvait mener à la mort, même à seize ans. Cette dernière éventualité le fit frémir. La mort, il n'y avait jamais vraiment songé. Ses grands-parents, encore jeunes, étaient en pleine forme et l'idée même qu'elle puisse toucher les adolescents l'avait sans doute déjà effleuré mais il l'avait aussitôt évacuée. Seulement, la menace se profilait autour de son meilleur ami. Il avait besoin de se documenter.

L'écran d'accueil du moteur de recherche s'afficha enfin. François tapa aussitôt « leucémie » puis envoya. La liste apparut, annonçant pas moins de trente et un mille sites. François lut les quelques lignes censées donner une idée du contenu des premiers. Les informations étaient réduites au minimum mais cette page suffit pour confirmer ses souvenirs : la leucémie était bien un cancer. Ce mot l'effrayait mais il ne s'attacha qu'au dernier nom du premier site : Union Nationale Leucémie Espoir.

La masse d'informations était vraiment énorme et il se sentait perdu. Comment trouver les bons renseignements sur celle qui agressait son ami ? Il décida de picorer de-ci, de-là. Il approfondirait plus tard, lorsque le père de Just lui aurait fourni les précisions promises.

Il apprit ainsi que la leucémie se caractérisait par une accumulation de cellules malignes dans le sang, le plus souvent des globules blancs. Elle était parfois nommée « sang blanc » et il comprit les raisons de la pâleur de Just. Les gens parlaient de « la » leucémie mais, en réalité, il en existait de très nombreuses formes. François découvrit une liste de noms tous plus barbares les uns que les autres. Il ouvrit encore quelques sites, qui le rassurèrent un peu : si la maladie était très grave, la recherche progressait, les traitements s'amélioraient et les chances de guérison ne cessaient d'augmenter. Il vit aussi que ce n'était pas une maladie contagieuse. Just pourrait garder ses beaux souvenirs de Singapour. Il n'avait rien contracté là-bas. Susan continuerait de sourire dans ses pensées.

— Eh bien ! conclut François en éteignant son ordinateur, inquiet. Just a attrapé une sacrée cochonnerie ! Qu'est-ce que je pourrais faire pour l'aider ?

Il était désemparé et, plutôt que de passer l'après-midi à se morfondre, et malgré le temps épouvantable, il décida d'aller pédaler.

« Si le père de Just téléphone, se dit-il, il laissera un message sur le répondeur et je le rappellerai dès mon retour. »

# chapitre 11
## Insupportable attente

**François avait réfréné son envie** de consulter le répondeur tout de suite et était allé directement du garage à la salle d'eau. Il se déshabillait maintenant. Ses vêtements trempés tombaient un à un dans un bruit flasque. Le radiateur soufflait un air chaud qui tempérait ses frissons. Il était plus serein. Cette sortie en vélo lui avait rafraîchi les idées. Il ne pensait plus au problème posé par la naissance de Just, ou du moins imaginait-il de le résoudre un peu plus tard. Il voyait également les problèmes de santé de son ami sous un jour plus optimiste.

Il entra dans la douche et la cascade brûlante finit de le revigorer.

Une demi-heure plus tard, vêtu de propre, il alla enfin voir s'il y avait un message sur le répondeur mais celui-ci était vide.

— Bah ! grommela-t-il. Les parents de Just ne sont pas encore rentrés….

Alors, il nettoya son vélo avec beaucoup de soin, passant le chiffon dans les moindres recoins. Il huila chaîne et dérailleur arrière. La radio l'accompagnait une fois encore. Bruit de fond sans intérêt, sinon celui de le distraire de temps en temps avec une chanson qu'il aimait.

Son inquiétude refit surface peu à peu, sournoisement.

Il rejoignit ensuite sa chambre, tenta de bricoler ses ordinateurs. Il se perdit d'abord en gestes inutiles puis eut envie de reconsulter le journal de la secrétaire médicale. À l'instant d'effectuer l'ultime clic qui allait l'ouvrir, il renonça. Il valait peut-être mieux. Il se rabattit sur un jeu et passa l'après-midi à combattre des monstres virtuels, accumulant des scores dérisoires qui n'arrangèrent rien… d'autant que le téléphone restait silencieux.

À dix-huit heures, il entendit arriver une voiture. Il se précipita au sous-sol et ouvrit la porte, Charly sur les talons.

— Merci ! lui dit sa mère lorsqu'il l'embrassa à sa descente de voiture. Sans toi, j'aurais été obligée de sortir mon parapluie.

Elle gagna la salle d'eau avant de rejoindre le séjour. Elle aimait en effet se « refaire une tête présentable » puis prendre quelques minutes de repos dans le salon à son retour du travail. François l'y attendait.

— Alors, ta journée ? lui demanda-t-elle en s'asseyant sur un des confortables fauteuils de cuir vert.

Il allait répondre : « Noire, comme le ciel ! », mais il préféra :

— Ce matin, les cours sentaient la fin d'année scolaire. C'était décontracté. Cet après-midi, je suis allé faire un tour de vélo.

— Par ce temps ? Tu aurais pu attraper du mal !

— Tu parles ! La pluie n'est pas si froide en juin, surtout avec la chaleur qu'on a eue ces derniers jours. Et puis je me suis douché dès que je suis rentré, une douche bien chaude qui m'a retapé.

— Et tes vêtements trempés, qu'en as-tu fait ?

— Je les ai mis dans la machine à laver, avec ceux de ce matin parce que j'étais dans le même état au retour du lycée.

— N'empêche, quelle drôle d'idée, de sortir par un temps pareil !

— Il le fallait, de toute manière, j'en avais envie… ou besoin, plutôt. Oui, j'en avais besoin… Il fallait que je me change les idées.

— Ça ne va pas ?

— Si, moi, très bien…

Sa gorge se serra soudain.

— C'est Just ? Tu as de ses nouvelles ?

— Oui… Je suis passé chez lui à midi. J'ai vu son père…

— Ah ! Et qu'est-ce qu'il a, ton copain ?

— Une leucémie…

— Oh !

— Pour l'instant, on sait pas si c'en est une grave. Just doit encore subir des examens. Son père a promis de me téléphoner dès qu'il aura des nouvelles.

Sa mère ne s'étendit pas davantage sur le sujet et passa à autre chose de moins angoissant. L'adolescent lui en fut reconnaissant.

La soirée s'écoula ensuite, lente, insupportable. François espéra un appel du père de Just jusque très tard mais le téléphone ne sonna pas. Son mal-être était revenu lorsqu'il se résolut à se coucher.

Le lendemain, la journée au lycée ne fut qu'un long chemin de croix.

François essaya d'aller vers les autres mais se sentit plus gauche que jamais. Chaque instant, chaque lieu lui rappelait son ami. La place dans le car, celle en classe ou au restaurant. Une affiche placardée au CDI représentant un kangourou fou de lecture qui stockait des livres dans sa poche sur laquelle ils avaient souri ensemble. Tex Avery aurait pu en être l'auteur. La professeur de français revint lui demander des nouvelles. Il lui dit à contrecœur ce qu'il savait désormais. Elle resta sur le même énigmatique « Oh ! » que sa mère.

Il alla consulter le répondeur dès son retour. Le voyant de réception clignotait. Son cœur s'affola. Il mit l'appareil en mode lecture.

— Allô ? Laure ? Guillaume ? Ici Sophie et Marc ! Ça vous dirait d'aller au restaurant samedi soir ? Voilà bien trois mois qu'on ne s'est pas vus. Vous nous rappelez ?

Des amis de sa mère et de Guillaume. Il les appréciait, d'habitude. Là, il les détesta.

François tenta ensuite de goûter mais rangea la brioche sitôt sortie du placard. Il n'avait pas faim. Il n'avait envie de rien sinon que le temps passe, que l'inquiétude cesse.

La maison était une fois de plus trop silencieuse. La radio ne lui serait d'aucun secours, il en était certain. Alors, il mit un mot sur la table, avertissant sa mère qu'il rentrerait peut-être tard, puis il prit son vélo et partit pour une nouvelle balade. Le ciel était encore gris mais la pluie avait cessé. Le vent, toujours assez fort, avait même séché la route.

Il choisit le trajet le plus difficile – celui qui empruntait la côte de la Chatellerie – et partit vent dans le dos, pour avoir à lutter contre lui au retour. Au retour justement, il avait prévu de passer devant la maison de Just. Ce serait peut-être plus ardu que de lutter contre le vent.

Un chien aboya au passage. François s'en effraya et fit un écart qui lui valut un coup de klaxon rageur de la voiture arrivant dans son dos. L'animal était pourtant enfermé derrière un solide grillage. Le vent était tombé d'un coup, alors que l'adolescent arrivait en vue des premières maisons du Mesnil. François leva le pied et ralentit l'allure, comme s'il avait peur des minutes qui se profilaient à l'horizon bien davantage que du chien.

Il devait être 19 h 30 et, là-bas, à l'ouest, le gris des nuages se déchirait doucement pour offrir un coin de ciel bleu, petit, ridicule même, mais dont François se contenta. Il voulut y voir un heureux présage.

Les voitures des parents de Just se trouvaient devant la maison.

Il hésita. Peut-être venaient-ils de téléphoner chez lui et il les dérangerait pour rien. Il décida pourtant de s'arrêter. L'envie de savoir était la plus forte.

François appuya sur la sonnette d'un geste gauche et le carillon lui sembla insolent. Soudain persuadé qu'il commettait une terrible erreur, il avait déjà amorcé son demi-tour quand la serrure joua enfin. Il entendit alors :

— Ah ! François… Bien sûr, tu viens prendre

des nouvelles de Just... Je... Je t'aurais téléphoné dans la soirée.

L'adolescent se figea, le pouls en folie et les jambes en guimauve. La voix de monsieur Sormain était presque méconnaissable. Il se retourna lentement. De nouvelles rides labouraient le front de l'homme. Des cernes soulignaient son regard brillant. François dut produire un énorme effort pour dissimuler son malaise.

— Je... bafouilla-t-il, très embarrassé. Je... Exc... Excusez-moi ! Comme je passais par ici, je me suis dit que ce serait peut-être plus simple...

Il s'arrêta sur ce mot et mesura son inexactitude. Le moment s'annonçait compliqué, atrocement compliqué.

Il amorça un nouveau demi-tour et s'apprêtait à battre piteusement en retraite quand le père de son ami le retint par le bras. L'homme frémit, comme ses mots.

— Non... Reste...

# chapitre 12
## Nouveau journal

**François ne lâcha pas un mot** du repas. Sa mère constata son air renfrogné. Elle fit une tentative pour engager la conversation, mais François ne lui adressa pas un regard. Elle n'insista pas. Peut-être était-ce mieux. D'autant que Guillaume se serait sans doute joint à elle et son fils ne l'aurait pas supporté, cette fois.

Alors, tout au long du repas, il se rabâcha que le pire n'était pas là et qu'il fallait croire en la guérison. Toutes les leucémies étaient graves mais les progrès médicaux étaient tels que de plus en plus elles pouvaient être vaincues. Les médecins ne s'étaient pas montrés si négatifs. Ils avaient dit la vérité : il fallait poursuivre les examens, tout envisager, y compris l'issue fatale, mais il fallait commencer le traitement au plus vite et surtout ne pas désespérer. L'espoir aidait souvent à guérir, et c'était particulièrement vrai pour ce genre de maladie.

Le repas n'était même pas terminé lorsqu'il monta dans sa chambre.

— Hé ! s'inquiéta sa mère. Tu ne manges pas de dessert ?

— Non ! J'ai un boulot à finir, lui hurla-t-il depuis les escaliers.

Il ne se coucha pas mais s'installa à sa table de travail et alluma son ordinateur. Une fois le bureau affiché, il cliqua sur l'icône du vieux disque dur pour atteindre le journal de la secrétaire médicale. Là, il ne lut pas un mot mais passa directement à la dernière ligne. Il tapa un saut de page puis, après avoir entré la date, il inscrivit les premières phrases de son propre journal.

Sa mère passa peu après, alors qu'il achevait le deuxième paragraphe.

— Ne te couche pas trop tard ! lui conseilla-t-elle depuis le seuil de la chambre.

— T'inquiète pas !

— Bonne nuit, alors !

Il ne répondit pas.

Quelques jours auparavant, François ignorait presque tout d'un journal intime. Il en avait déjà entendu parler mais, comme beaucoup de garçons de son âge, il avait plutôt tendance à s'en moquer. Puis il avait trouvé celui de la secrétaire médicale. Il avait découvert un secret et était maintenant face à une coïncidence des plus troublantes. Ce journal l'avait fait entrer dans un autre monde où l'écoute passive permettait de supporter les difficultés de la vie qu'on ne peut évacuer par ailleurs. Les émotions qui naissaient du journal découvert étaient multiples, considérables, enchevêtrées. Les événements s'étaient succédés à un rythme fou qui le perturbait. La révélation de la maladie de Just et l'entrevue avec ses parents avaient fini de le désorienter. Il devait absolument faire le point. Ce journal intime allait l'y aider.

Il se lança dans l'écriture, sans chercher à savoir si ce ne serait qu'un feu de paille ou si cela durerait plus longtemps. L'impérieuse nécessité était dans l'instant. Il revit la scène de fin d'après-midi et la coucha sur l'écran. Il l'écrivit à la troisième personne…

Deux heures plus tôt, François avait su tout de suite, dès qu'il avait sonné à la porte de la maison des Sormain, qu'il faisait une erreur. Mais il n'avait pas eu le temps d'exécuter un demi-tour. Le voulait-il vraiment ?

Monsieur et madame Sormain étaient bouleversés. En arrivant sans prévenir, il s'était introduit par effraction dans leur vie privée, avec la terrible impression d'accentuer leur douleur.

La rencontre s'était déroulée dans le salon et François ne s'était jamais senti aussi mal de sa vie.

Au cours de la conversation, ponctuée d'effroyables silences et de larmes retenues, François avait appris que Just souffrait bien d'une leucémie. Ses parents lui avaient donné le nom exact mais il l'avait aussitôt oublié. Peut-être pour se protéger en refusant une vérité trop violente. De toute manière, c'était une des pires. Ils étaient abominablement inquiets et ne cherchaient pas à le cacher.

François avait pensé à la mort de Just. Cette

horreur l'avait étourdi. La mort de Just, sa disparition à tout jamais. Rayé de la vie. Il avait imaginé Le Mesnil, le lycée, les sentiers empruntés en VTT sans Just. François ne pouvait rien faire et s'était senti insignifiant, ridicule. Une terrible détresse l'avait étreint. Sur le point de craquer, il avait résisté, persuadé que s'il flanchait, cela ajouterait à la souffrance des parents de son ami.

« Ami ! Amitié ! »

Il avait alors pris conscience de ce qu'il éprouvait pour Just. Ainsi, c'était ça, un ami, un vrai. Un être qui vous manque avant même de disparaître. Un être qui menace de laisser une place si vaste qu'elle ne sera jamais comblée, même si on vit cent ans. Un être pour qui on se sent prêt à donner sa propre vie. Même si François savait depuis longtemps qu'il appréciait Just, il n'avait jamais remarqué combien sa présence lui était indispensable. Ce constat aurait dû le réconforter. En réalité, il l'avait anéanti.

François avait eu peur, monstrueusement peur. Alors, à son cœur défendant, la lâcheté l'avait tenté. Il s'était méprisé mais n'avait pu résister. La souffrance était trop forte. Il avait glissé sur le bord du canapé, ébauché le geste de partir quand, soudain, il avait repensé à ce qu'il avait découvert sur Internet et avait risqué :

— Mais j'ai lu dans un site qu'il y a la greffe de moelle osseuse ! Il suffit de lui trouver un donneur…

Monsieur Sormain avait regardé François. Jamais celui-ci n'oublierait le désarroi qui baignait les yeux de l'homme. Ce regard hanterait pas mal de ses nuits à venir. Il en était certain. Il avait réalisé trop tard, une fois de plus, qu'il en avait trop dit.

Le père de son ami avait alors expliqué :

— Just souffre d'une forme de leucémie dont on ne guérissait pas voilà peu. Tu as toutefois raison, aujourd'hui, on parvient de temps en temps à la vaincre grâce à une greffe de moelle osseuse et un traitement approprié. Mais une autogreffe, réalisée avec sa propre moelle assainie à l'extérieur de son corps, en laboratoire, semble impossible pour lui. Il doit donc bénéficier d'une allogreffe, ou si tu préfères une greffe avec la moelle d'un donneur. Les chances de réussite existent, mais elles sont très limitées. Les médecins n'ont rien caché. Cette greffe doit être impérativement pratiquée dans les semaines qui viennent. Just va d'abord être soumis à une très lourde chimiothérapie, sans doute en plusieurs étapes, pour supprimer entièrement sa moelle osseuse, dont certaines cellules malades sont à l'origine de la leucémie. Cette chimiothérapie de choc ne fait hélas pas la différence entre les bonnes et les mauvaises cellules. Elle les détruit toutes. Il faut donc ensuite greffer le malade pour lui permettre de refabriquer des cellules sanguines saines. Il n'existe aucun autre moyen de guérir. C'est la greffe... ou la mort. Encore faut-il que cette greffe prenne...

François avait essayé de se ressaisir. Il avait approuvé d'un signe de tête.

— Hélas, avait ajouté monsieur Sormain. Il y a très peu de chances de trouver rapidement un donneur compatible, malgré l'important fichier du Centre français des greffes. Ce fichier a d'ailleurs déjà été consulté et personne ne correspond. Pour la moelle osseuse, c'est un peu comme pour le sang, il y a des groupes, mais en beaucoup plus compliqué : les groupes HLA. Celui de Just est extrêmement rare... Il faudrait que quelqu'un de son groupe se manifeste dans les jours qui viennent, quelques semaines tout au plus. Autant dire qu'il y a vraiment très, très peu de chances. Et puis, même avec un donneur compatible, il y a de gros risques de problèmes postopératoires. L'idéal serait que ce donneur soit de sa famille…

— Mais… Mais vous, ses parents !

— Tu sais bien que nous sommes ses parents adoptifs. Nous n'avons aucun lien biologique avec lui et l'aimer ne suffit pas…

Ils avaient encore échangé quelques paroles puis François avait pris congé et était rentré chez lui. Il avait roulé doucement, pas très droit. On aurait pu le croire ivre. Sa vue se brouillait mais une fois de plus, il retenait ses larmes. Il s'était arrêté au niveau de la grange du père Gauron, s'était calmé lentement et refait une tête présentable. Par chance, le repas n'était pas encore tout à fait prêt quand il était arrivé et, au moins extérieurement, aucune trace de sa détresse n'était visible.

Minuit passé.

François venait à nouveau de consulter Internet. Les parents de Just avaient hélas raison. Ils n'étaient que des étrangers pour leur fils. Leur moelle ne lui serait d'aucun secours.

Alors, soudain, François pensa au journal de la secrétaire médicale. Il n'en était pas encore certain, il en doutait même beaucoup, mais il tenait peut-être une trace de la famille biologique de Just. S'il y avait la moindre chance que Jocelyne Rabier fût bien la mère de son ami, il devait la retrouver et la persuader de sauver son enfant. Un vertige épouvantable le saisit mais le soupçon d'espoir était là, fragile, si fragile dans la nuit trop noire. Peut-être…

# chapitre 13

## L'espoir

**La professeur de français** revint demander à François des nouvelles de Just. Il lui dit sur un ton sec, à la limite de l'impolitesse, qu'il ignorait comment évoluait sa maladie.

Toute la journée, il se demanda ce qu'il devait faire.

Il chercha la réponse, et ne trouva que de nouvelles questions tout aussi embarrassantes. Devait-il rompre le secret médical découvert ? Pouvait-il dévoiler le nom de celle qui avait peut-être mis Just au monde ? Parfois, il pensait que oui. La vie de Just valait bien cette révélation. Seulement quelques mots à prononcer. Mais il revenait presque aussitôt sur cette option. Si la vie de son ami pesait toujours autant, d'autres éléments venaient faire le contrepoids. D'abord, il était très possible que la mère où la sœur de Just ne soient pas du même groupe HLA que lui. Et puis, il devait respecter la loi. S'il révélait tout en vain, parce que la coïncidence n'était rien de plus qu'une coïncidence, il risquait de perturber Just encore davantage et faire courir de graves ennuis à la secrétaire médicale. Et puis, s'il avait découvert la vérité, il n'osait pas envisager ce que deviendrait la mère biologique de son ami, ni ses parents adoptifs. La situation l'étourdissait. Ses dernières initiatives, malheureuses, l'inhibaient. La décision à prendre était trop lourde de conséquences. Il envisagea de se confier à son médecin de famille, mais l'homme l'intimidait trop et partager ce secret avec lui le répugnait. Quant à sa mère, il ne s'imaginait pas lui révéler un secret pareil, il n'en avait pas le courage. Il craignait de la blesser en la mêlant à cette affaire, même s'il ne voyait pas comment.

À son retour, François flanqua Charly dehors et, se passant de goûter, il se précipita de nouveau sur Internet. Il eut confirmation de tout ce qu'il savait déjà, en particulier qu'on avait des chances de trouver un donneur compatible dans la famille proche mais que ce n'était pas certain. Il découvrit aussi quelques témoignages de greffés. Il les lut avec attention. Aucun n'avait été dans le cas de Just, enfant né sous X dont on avait retrouvé la famille biologique. S'ils parlaient du donneur, il s'agissait alors d'anonymes ou de très proches parents, qu'ils connaissaient depuis toujours. Il mesura quelle chance cette greffe avait été pour eux. Tous parlaient de renaissance à leur sortie de l'hôpital, y compris ceux qui subissaient de douloureux effets secondaires. Il lut également que le don de moelle contrairement aux autres dons d'organes n'était guère traumatisant pour le donneur. Se pratiquant toujours sur une personne vivante et en bonne santé, il s'apparentait davantage au don du sang, en un peu plus lourd. Le donneur était hospitalisé deux ou trois jours. Sous anesthésie générale, on lui prélevait sa moelle dans l'os iliaque et le sternum. Il rentrait ensuite chez lui guère plus fatigué qu'après une prise de sang.

Alors il pensa que, quelque part, quelqu'un décidait d'être donneur de moelle. On trouvait ainsi la personne compatible avec Just. Bien sûr, il fallait un énorme coup de pouce du destin, mais celui qui permettait de trouver les six bons numéros du Loto était encore plus extraordinaire : une chance sur plus de treize millions. Pourtant chaque semaine, plusieurs personnes les trouvaient.

Guillaume et la mère de François arrivèrent vers dix-huit heures mais ne firent que passer, le temps de se changer. Le repas avec leurs amis avait été avancé à ce soir-là et ils étaient particulièrement pressés. François fut incapable de savoir s'il en était soulagé ou embarrassé. Lorsqu'il vit la voiture s'éloigner sur le chemin des Rouches, pour ne pas sombrer dans le cafard, il réfléchit à nouveau et s'exclama soudain :

— Il y a un moyen !

Sa vie basculait. Il venait de prendre une décision, *la* décision, et il allait s'y tenir. Sans plan précis, il voyait pourtant les grandes lignes de ce qu'il devait faire. Quoi qu'il arrive, il devrait ne jamais dévier ou reculer devant les difficultés et, surtout, il devrait faire vite, très, très vite. Il y avait une chance infime que cela marche, mais il devait la tenter.

Le geste décidé, il alluma une nouvelle fois son ordinateur, grignotant au passage un morceau de pain sec qui lui tiendrait lieu de dîner.

À la fin de la procédure, il eut une nouvelle crainte : peut-être faisait-il erreur une fois de plus, peut-être se trompait-il de jour ou de lieu de naissance. Just affirmait être le seul garçon né ce jour-là à Pithiviers, mais qu'en savait-il vraiment ? Qu'est-ce qui le lui prouvait ? Peut-être se racontait-il des histoires, ou la personne qui lui avait fourni le renseignement avait-elle agi pour lui faire plaisir. D'ailleurs, François n'avait pas trouvé de Jocelyne Rabier à Ramoulu, sur le Minitel. Cette femme n'existait pas ou n'était plus.

— Une chance, une seule chance… Minuscule mais je dois la tenter…

François étouffa ses doutes tant bien que mal et reprit courage. Tant pis s'il se trompait ! Tant pis s'il passait pour un idiot ! Tant pis…

Il consulta le Minitel mais fut retenu par un nouveau scrupule : cette fois, il repensait à la mère biologique de son ami… s'il parvenait à la joindre. D'après le Minitel, il avait déduit que Jocelyne Rabier n'existait pas, mais il avait pensé trop vite, une fois de plus. Elle pouvait être sur la liste rouge, ne pas avoir le téléphone, ou s'être mariée et avoir changé de nom. Elle avait aussi pu quitter Ramoulu, voire le département ou, en imaginant le pire, la France ! Il faudrait déjà la retrouver mais, surtout… il allait atterrir dans sa vie, annoncer une déstabilisante nouvelle. Sans doute avait-elle trouvé un équilibre depuis son accouchement. Peut-être avait-elle fondé une famille. Peut-être s'était-elle mariée et avait-elle donné plusieurs autres frères et sœurs à Just. Peut-être n'avait-elle jamais rien dit à son mari. Le rappel de l'existence de Just ne risquait-il pas de tout briser ? François n'en avait pas le droit. Mais avait-il davantage celui de ne rien faire ?

François n'était pas encore connecté quand la sonnerie du téléphone retentit. Il se précipita, pris d'un fol espoir.

— Allô ?

L'espoir grandit encore lorsqu'il reconnut la voix de monsieur Sormain.

— Allô ? François ? Je voulais te donner des nouvelles de Just.

— Il… On a trouvé un donneur ? Il est greffé ou va l'être bientôt ?

Un abominable silence envahit le combiné.
Monsieur Sormain finit par lâcher :

— Hélas, non ! Mais son état s'est stabilisé…
On va le sortir de ce mauvais pas…

— Il faut qu'il soit greffé, n'est-ce pas ? C'est
sûr ?

— Oui ! Mais on va trouver le donneur. J'en
suis certain. La France est maintenant bien orga-
nisée pour les dons d'organes.

— Je sais !

— Cela multiplie les chances… Je t'avertirai
dès qu'il y aura du nouveau… Il faut garder
espoir…

— Merci, Monsieur !

— Ah ! François ?

— Oui !

— Je voudrais te demander autre chose.

— Oui !

— Mais il ne faut pas que cela te dérange.
Sens-toi libre de refuser.

— Oui, bien sûr.

— Voilà : tu sais que Just tient beaucoup à ses
poissons. Est-ce que tu accepterais de t'en occuper ? Nous te confierions des clés de la maison.
Ainsi, tu viendrais quand ça t'arrange…

François accepta. Il ne connaissait de l'aquariophilie que ce que son ami lui en avait raconté mais il allait s'y mettre.

Lorsqu'il raccrocha, François se réjouit de rendre ce petit service mais il était aussi plus persuadé que jamais qu'il lui fallait agir dès maintenant pour retrouver la mère biologique de son ami. Il n'avait pas cru une seconde à l'optimisme de façade du père de Just. Il devait prendre des risques…

Il se connecta, imprima la page Minitel avec les coordonnées et numéros téléphoniques des Rabier de Ramoulu. Son angoisse monta encore d'un cran. Le combiné poissait entre ses doigts. Sa main libre trouva le chemin de ses cheveux avant de composer le numéro de Jean-François Rabier. La tonalité retentit. François fut soudain pris de panique et constata qu'il n'avait même pas réfléchi à ce qu'il allait dire. Il reposa le combiné.

Il respira lentement, tenta de retrouver son calme. Il n'avait aucune raison de s'affoler. Il lui suffisait de demander à parler à Jocelyne Rabier.

Il reprit le téléphone, appuya sur la touche « bis ». La tonalité retentit à nouveau. Une fois, deux fois, trois fois…

— Allô ?

— Allô ! Bonjour Monsieur. Pourrais-je parler à Jocelyne Rabier, s'il vous plaît ?

Clac ! Tuuut... Tuuut... Tuuut...

Le correspondant venait de raccrocher. François était déjà mal à l'aise. Il l'était encore plus à présent. Il essaya pourtant de ne pas se laisser déstabiliser davantage.

Il composa aussitôt le numéro de Manuel Rabier. Litanie des sonneries. François en laissa retentir une dizaine. Personne ne décrocha. Il vérifia le numéro composé sur l'écran du combiné. C'était le bon. Il appuya donc à nouveau sur la touche « bis ».

Il laissa sonner au moins vingt-cinq fois. En vain. Manuel et sa famille, s'il en avait une, ne se trouvaient pas chez eux. Il composa le numéro de Pierrette. Deux sonneries et :

— Allô ?

— Allô ! Je suis bien chez madame Pierrette Rabier ?

— Oui ! C'est pourquoi ?

— Pourrais-je parler à Jocelyne Rabier ?

— Vous voulez dire ma fille ?

— Ou... Oui !

— C'est à quel sujet ?

— C'est… C'est personnel ! Est-ce que je pourrais lui parler personnellement ?

— … Elle n'habite plus à la maison depuis longtemps…

— Ah !

— Oui, elle s'est mariée voilà une dizaine d'années. Maintenant, elle habite Orléans. Elle s'appelle madame Cormeau.

— Est-ce que vous auriez son numéro de téléphone ?

La femme se fit un peu prier mais partit le chercher. François le nota puis, après avoir chaleureusement remercié son interlocutrice, il raccrocha et composa le nouveau numéro.

Trois sonneries retentirent, puis une voix masculine annonça :

— Vous êtes bien au domicile de la famille Cormeau. Un répondeur enregistre votre appel. Veuillez laisser vos coordonnées après le bip. Nous vous rappellerons dès que possible…

François ne laissa aucun message et se dit qu'il tenterait à nouveau sa chance dans une heure.

# chapitre 14

## Rencontre

**François rappela** plusieurs fois mais tomba toujours sur le répondeur. L'angoisse augmentait à mesure des tentatives, une angoisse qu'il maîtrisait tant bien que mal à force de se répéter qu'il devait se tenir à sa décision et réussir. Il ne laissa pas davantage de message.

Monsieur Sormain passa vers 20 h 30. Il déposa les clés. Dès le lendemain, François s'occuperait des scalaires de Just.

— Tu n'es pas encore couché ! s'étonna sa mère à son retour avec Guillaume.

— Non ! J'avais des trucs à faire…

— Encore tes bricolages d'ordinateur ?

— Oui, c'est ça.

— Eh bien, pense à te coucher ! Même si tu n'as pas classe demain, ce n'est pas une raison pour veiller jusqu'à des heures impossibles.

Une fois de plus, le sommeil tarda à venir et fut extrêmement fragile. Just hanta à plusieurs reprises les rêves de François, des rêves aux relents de cauchemar. Tantôt, il adoptait le corps d'un oiseau en plein vol qui cessait de battre des ailes et tombait comme une pierre. Tantôt il était une fleur se fanant. Tantôt, il prenait la forme d'un nuage qui s'effilochait dans l'azur trop pur. Mais il lui demandait invariablement d'agir, de retrouver sa mère biologique. François ne traîna pas au lit, le lendemain. Guillaume travaillait et sa mère partit faire les courses au supermarché de Sully-sur-Loire. À neuf heures, il put à nouveau téléphoner en toute tranquillité, mais là encore il tomba sur le répondeur. La famille Cormeau-Rabier n'était toujours pas là et le découragement le rongea de plus belle. Alors, histoire d'agir tout de même, il fila sur le Minitel, où il trouva l'adresse sans problème : 23, rue de l'Argonne à Orléans.

Il eut à nouveau des scrupules et se dit une fois de plus que Jocelyne Cormeau n'était pas la mère de Just. Le visage de son copain s'afficha dans ses pensées. Il se répéta que contacter cette femme était la seule petite chance de lui sauver la vie. Être ridicule était dérisoire comparé aux risques que courait son ami, sans parler des remords qui l'accableraient s'il ne tentait rien. Il envisagea d'autres solutions pour joindre Jocelyne Cormeau, à commencer par le courrier. C'était idiot. S'il postait une lettre, celle-ci arriverait au mieux lundi. Il y avait bien *Chronopost*, mais il n'était pas sûr des délais de distribution. Il pensa alors porter cette lettre lui-même à Orléans. L'aller-retour dans la matinée était dans ses possibilités. Il n'aurait jamais à parcourir que soixante-dix kilomètres de bonne route qui n'exigeraient pas plus d'efforts que les trente ou quarante couverts en tout terrain, le dimanche, avec Just.

Par contre, il n'avait pas le temps de rédiger une lettre expliquant la situation en détail. Il se contenta donc d'écrire un message laconique invitant madame Cormeau à téléphoner au plus vite au numéro qu'il indiquait et à le demander.

Il proposait de lui parler « d'une affaire privée de la plus haute importance qui exigeait d'aller très, très vite ».

Les immeubles de la rue de l'Argonne étiraient leurs lignes droites en enfilade. Hauts de six étages, ils formaient un impressionnant mur de béton beige et ocre. Une voiture klaxonna dans le lointain et son meuglement mécanique se répercuta sur les parois trop lisses. Une rafale de vent s'engouffra dans le passage, arracha un sac plastique à la quiétude du caniveau pour le jeter dans les roues du vélo.

François cherchait l'escalier n° 23.

« Le voilà ! »

Après avoir posé son engin contre un arbre, il fixa l'antivol et gagna l'entrée. La porte était couverte de tags. François poussa le lourd battant. Une forte odeur d'urine animale l'agressa. Il pénétra la pénombre, repéra la veilleuse de l'interrupteur et appuya dessus. Une lumière chétive éclaira le lieu. Il s'approcha du bloc de boîtes aux lettres. Plusieurs étaient fracturées. Il lut les noms des locataires et trouva l'information qu'il cherchait :

« M. et Mme Cormeau Sylvain
et leurs enfants
Appartement 602 – sixième étage »

Et leurs enfants… ne put s'empêcher de souffler François… Pas *tous* leurs enfants !

Il sortit l'enveloppe de la poche intérieure de son blouson, la glissa dans la fente de la boîte aux lettres, la lâcha. Il regretta aussitôt son geste, pensant que madame Cormeau était peut-être rentrée. Mieux valait tout lui dire immédiatement. L'ascenseur était en dérangement. Il emprunta donc l'escalier et gagna le sixième aussi vite qu'il le put.

La lumière augmentait à mesure que François montait et lorsque, hors d'haleine, il arriva sur le palier du dernier étage, il constata qu'une fenêtre du toit offrait une lumière assez généreuse. Par temps ensoleillé, quelques rayons devaient arriver ici. Des plantes vertes l'agrémentaient.

Quatre appartements donnaient sur ce palier. Des gazouillis de bébé, le son assourdi d'une radio, un rire féminin, des bruits de vaisselle retentissaient derrière les portes 601, 603 et 604. Par contre, derrière la 602, le silence régnait. François se risqua à appuyer sur le bouton de sonnette. Aucune réponse. Il répéta l'opération plusieurs fois. Toujours rien. Il allait faire une ultime tentative quand une porte s'ouvrit dans son dos. Il se retourna. Une femme venait d'apparaître au 603. Brune, souriante, elle était jeune et portait un bébé dans les bras.

— Vous désirez quelque chose ? s'enquit-elle.

— Oui… Je… Je voudrais voir monsieur et madame Cormeau. Ils ne sont pas là ?

— Non ! Ils sont partis hier soir, après avoir récupéré leurs gamins à l'école… Je crois qu'ils vont rentrer en fin d'après-midi. Monsieur Cormeau travaille demain mais sa femme sera ici. Vous pourrez revenir à ce moment-là.

François sentit soudain s'abattre sur lui la fatigue des trente- cinq kilomètres déjà couverts mais, surtout, il imagina le temps qu'il lui faudrait encore perdre. Il passa sa main gauche dans ses cheveux puis objecta :

— C'est que… je suis très, très pressé. Est-ce que vous savez où ils sont ?

La femme hésita une fraction de seconde, expliqua enfin :

— Sans doute comme d'habitude : à leur terrain des Ruets, à Vannes-sur-Cosson.

— Où dites-vous ?

— À l'étang des Ruets, à Vannes-sur-Cosson. C'est pas très loin d'ici. Vous connaissez ?

François s'engageait déjà dans l'escalier quand il hurla presque :

— L'étang des Ruets, je ne connais pas, mais Vannes-sur-Cosson, si ! J'y habite ! Merci, Madame…

La chance lui souriait enfin.

Midi approchait lorsque François arriva en vue du bourg de Vannes-sur-Cosson. Il aperçut le plan de la commune à l'entrée et sauta de son vélo alors que celui-ci roulait encore. L'engin s'écrasa dans un bruit de ferraille quelques mètres plus loin.

— Alors ! Voyons… L'étang des Ruets… C'est là !

François se précipita vers sa machine, qu'il redressa sans ménagement et qu'il enfourcha à la hussarde. Il repartit à toute vitesse, traversa le village en trombe et franchit les deux derniers kilomètres qui le séparaient de l'étang. Il s'arrêta enfin devant un modeste portail métallique rouillé.

« Ça doit être ici ! »

François mit calmement pied à terre, cette fois. Il posa son vélo contre la clôture, reprit son souffle comme il le put. L'angoisse le gagnait à nouveau. Il essaya de regarder au-delà de l'écran de verdure, devina à droite la toiture d'un cabanon de bois. Des éclats de rire enfantins retentissaient de l'autre côté, là où un panache de fumée s'échappait, avec une odeur de grillade.

François se dirigea vers la construction. Une femme brune était allongée sur une chaise longue, à l'ombre de l'auvent qui prolongeait le toit. Elle se redressa d'un coup lorsque l'adolescent toussota à quelques pas d'elle. Elle porta sa main en visière, fronça les sourcils puis, une fois accoutumée à la lumière, elle demanda :

— Vous désirez ?

— Je… Excusez-moi…

Elle esquissa un vague sourire et François retrouva un soupçon d'assurance. Il expliqua d'une voix mal assurée :

— Voilà… Je … C'est un peu particulier. Est-ce que… Est-ce que vous êtes madame Cormeau ?

Un éclair traversa le regard de la femme. François l'agaçait. Elle grogna tout de même :

— Oui, mais qu'est-ce que ça peut te faire ?

— Je… J'ai laissé un mot dans votre boîte aux lettres d'Orléans… Mais vous êtes ici et je ne peux pas attendre que vous le découvriez… Le temps presse…

— Le temps presse en quoi ? Qu'est-ce que tu veux, exactement ? Sois un peu plus clair, s'il te plaît ! J'aimerais profiter du calme.

— Voilà… Just, mon meilleur copain, est très gravement malade…

La femme frémit puis ronchonna, agressive :

— En quoi ça me regarde ? Si c'est pour une quête…

— Non ! Non ! Just a besoin d'une greffe de moelle osseuse dans les semaines, peut-être les jours qui viennent. S'il ne l'a pas, il mourra. Pour l'instant, on n'a pas trouvé de donneur compatible et, à moins d'un fameux coup de veine, il n'y en aura pas sur un temps si court. Seul quelqu'un de sa famille biologique a des chances de le sauver…

L'agacement de la femme augmentait encore. Elle objecta :

— Je ne vois vraiment pas en quoi ça me regarde !

François sentit le sol se dérober. Il se fit violence, maîtrisa la peur qui lui nouait la gorge et lâcha :

— Madame, Just, c'est l'enfant que vous avez eu lorsque vous avez accouché sous X, il y a seize ans, à la maternité de Pithiviers…

Le visage de la femme se décomposa. Elle laissa passer quelques secondes, reprit une certaine contenance puis cria presque :

— Qu'est-ce que tu racontes ? C'est complètement idiot ! Laisse-moi me reposer ! J'ai besoin de repos…

François rejoignit son vélo, hébété, et entendit à peine les mots échangés là-bas, près du cabanon :

— Qui c'était, maman ?

— Rien ! Rien !…

# chapitre 15

## Un monstre ?

**Les cartes s'affichaient** tour à tour sur l'écran. François les déplaçait avec des gestes mécaniques. Il n'avait plus envie de rien et tuait le temps en jouant au solitaire.

Quelques minutes plus tôt, il avait fait un passage éclair à table. Sa mère était venue le voir peu après dans sa chambre.

— Qu'est-ce qui t'arrive ? lui avait-elle demandé sur un ton inquiet.

— Rien, maman, rien…

— C'est un « rien » qui veut dire « tout »… ou au moins « quelque chose de très important »…

— Mais non, maman…

— Tu m'inquiètes, François.

— …

— Tu m'entends, François ? Tu m'inquiètes !

Elle l'exaspérait mais il s'était contenu, parvenant à dire sur un ton à peu près correct :

— Ce n'est rien, maman, ça va passer.

— Tu crois ? C'est Just ?

— Oui… Mais ne t'occupe pas, ça va passer, je te dis. De toute manière, t'y peux rien. Vaut mieux me laisser…

Sa mère avait encore un peu insisté puis elle avait refermé la porte. Il s'était replongé dans sa partie de solitaire, mais sa détresse ne l'avait pas abandonné.

En début d'après-midi :

— François ! cria sa mère depuis l'entrée. Je vais à Orléans. Tu viens avec moi ?

— Non ! Je reste ici…

Pourtant, ça lui aurait changé les idées.

Il n'avait même pas détourné son regard de l'écran qui pourtant ne le passionnait pas davantage. En bas, la porte se ferma et le cliquetis de la serrure griffa le silence tout neuf.

François quitta le solitaire et ouvrit le journal

126

de la secrétaire médicale. Appuyé sur le coude gauche, les doigts noyés dans ses cheveux, il relut tout et, surtout, les points importants, comme le jour de naissance du garçon. Celui-ci correspondait exactement à celui de Just. Il ne pouvait s'agir que de Just, même si le lieu de l'accouchement n'était pas précisé. Il en était intimement convaincu, maintenant. Alors, il tenta de se persuader que Jocelyne Cormeau n'était pas la mère biologique de son ami. La réaction de son premier correspondant, qui lui avait raccroché au nez, cachait vraisemblablement une histoire de famille, une fâcherie quelconque remontant à la nuit des temps. Ou peut-être que, dans cette famille, il y avait deux Jocelyne Rabier, ou il s'agissait de deux familles distinctes. De telles coïncidences sont rares mais existent, surtout à la campagne où les plus anciennes familles résident depuis très, très longtemps au même endroit. Ou bien…

« Mais oui, c'est ça… »

La secrétaire médicale avait attribué un autre nom à la patiente de son patron. Histoire de protéger son anonymat. Aucun code secret n'empêchait de lire le journal de Fabienne Dezé et elle avait ainsi voulu se prémunir contre une éventuelle indiscrétion. Oui ! C'était ça. Ça ne pouvait être que ça.

François reprit espoir. Rien n'était perdu. Il allait se rendre à Ramoulu, interroger les gens. Peut-être retrouverait-il la secrétaire médicale. Elle disait qu'elle habitait le village. Peut-être n'avait-elle pas déménagé. Le Minitel allait déjà lui fournir ses coordonnées. Il lui raconterait tout. Il lui expliquerait qu'il fallait sauver Just. Elle le comprendrait. Elle lui dirait où retrouver la mère de son ami. Et puis, si cette piste s'avérait infructueuse, l'affaire n'était pas encore perdue. La mère de Just n'avait pas pu cacher sa grossesse, même si elle avait passé le dernier mois ailleurs. Seize ans s'étaient écoulés, mais certains habitants se souviendraient. Une jeune femme enceinte dont on ne voit jamais le bébé après l'accouchement, ça se sait dans un village. Peut-être qu'on en parle encore. Les ragots ont la vie dure et, pour une fois, ils seraient utiles. Il allait retrouver son véritable nom.

Seulement, Ramoulu était loin, soixante longs kilomètres aller et il en avait déjà soixante-dix dans les jambes. Le voyage à vélo serait plus que difficile, mais… Il éteignit son ordinateur, rejoignit le garage en se maudissant de ne pas avoir accompagné sa mère.

Cette fois, il n'aurait pas renoncé, il lui aurait tout raconté après lui avoir demandé de garder le secret. Elle l'aurait emmené et l'aurait appuyé dans ses démarches. Son adolescence serait un handicap, il en avait conscience. Certains villageois risquaient de ne pas le prendre au sérieux. Avec sa mère, les gens l'auraient aidé sans problème. D'ailleurs, il aurait dû tout lui dire depuis le début. S'il l'avait fait, il ne pataugerait pas dans de tels problèmes…

François ne regarda sa montre qu'au moment d'enfourcher son vélo. Déjà 15 h 30. Il lui fallait plus de deux heures pour rejoindre Ramoulu. 17 h 30-18 heures, c'était beaucoup trop tard.

L'affolement le gagna.

Il décida alors d'aller voir du côté de la maison des Sormain. Peut-être que le père ou la mère de Just s'y trouvaient. Peut-être se relayaient-ils au chevet de leur fils et passaient-ils le reste du temps chez eux. Comment leur dévoiler ce qu'il attendait d'eux sans les blesser ou leur donner de faux espoirs ? Il s'arrêta un instant puis se dit qu'il improviserait sur place et repartit.

Le soleil était revenu.

Hélas, aucune voiture n'était garée devant la maison des Sormain. François sonna. En vain. Les parents ne pouvaient être qu'auprès de leur fils. Ils ne pouvaient pas l'abandonner alors qu'il luttait contre la mort.

François se remémora ses cauchemars. Just le suppliait, maintenant. L'étau se resserrait.

Une nouvelle pointe d'espoir lui revint lorsqu'il posa son vélo dans le garage de sa maison. Il s'exclama, comme si le copain de sa mère était déjà là :

— Guillaume !

François était prêt à museler sa défiance. L'homme finissait de travailler dans une bonne heure. Il ne lui dévoilerait rien mais se contenterait de dire qu'il avait absolument besoin de ses services. Guillaume ne refuserait pas. Peut-être même se réjouirait-il, pensant que François baissait enfin sa garde.

Il se demanda comment passer le temps, d'ici le retour de son beau-père, fila sur son journal où il raconta ce qu'il venait de vivre.

Soudain, il eut une nouvelle crainte : déranger Guillaume pour rien. Il voulut faire une dernière vérification, prit le téléphone et composa le numéro de Pierrette Rabier.

— Allô ?

— Allô ! Rebonjour, Madame. C'est encore moi, celui qui vous a appelée hier, au sujet de votre fille Jocelyne.

— Qu'est-ce que vous lui voulez encore ?

— Je… Je… Enfin… Est-ce qu'il y a une autre Jocelyne Rabier à Ramoulu ?

La femme s'esclaffa :

— Une deuxième Jocelyne ? Non, jeune homme, il n'y en a jamais eu qu'une, la mienne…

— … Alors… Alors, est-ce que vous avez entendu parler d'une jeune femme qui aurait accouché sous X, il y a seize ans ?

— …

François risqua :

— Allô ?… Allô ?…

Nouveau silence, puis une voix blanche dans l'écouteur :

— Le passé, c'est le passé. Pas la peine de remuer la merde… Ma fille a refait sa vie. Elle est heureuse, maintenant, laissez-la en paix !

Clac ! Tuuut… Tuuut… Tuuut…

François reposa le téléphone, désarçonné.

Une terrible certitude s'imposa à lui : Jocelyne Cormeau était bien la mère biologique de Just.

Un abominable dégoût le submergea.

Cette femme avait abandonné son fils à sa naissance et, maintenant, elle refusait de le sauver, elle le livrait à la mort ! Lors de l'accouchement, elle avait refusé de l'accompagner dans la vie. Maintenant, elle lui refusait la survie. C'était un monstre !

François se recroquevilla sur son lit et lutta de toutes ses forces contre les larmes. Cette femme immonde ne méritait pas qu'on pleure à cause d'elle. Cela serait lui faire trop d'honneur. François souffrait au-delà du possible. Il touchait au but et tout s'écroulait. Échouer était encore plus atroce. Il se trouvait nul, vraiment nul…

Il se redressa soudain.

— Bien sûr que je suis nul !

C'était lui qui n'avait pas su trouver les bons mots, expliquer les choses correctement. Il n'avait pas su convaincre Jocelyne Cormeau. Le choc avait dû être terrible pour elle. Entendre parler de ce fils seize ans après avoir voulu l'oublier. Voir ainsi ressurgir son passé. Elle semblait heureuse, maintenant. Elle ne l'était pas à l'époque où elle attendait Just. Elle ne pouvait pas chambouler sa nouvelle vie, briser cet équilibre fragile sur un coup de tête.

Tout n'était pas perdu. Il allait retourner à l'étang des Ruets et, si Jocelyne Cormeau ne s'y trouvait plus, il se ferait conduire par Guillaume à Orléans, rue de l'Argonne.

Soudain, le téléphone sonna. François décrocha d'une main tremblante.

— Allô ?

— Allô ! Est-ce que je pourrais parler à François Garnier, s'il vous plaît ?

Cette voix !

— C'est… C'est moi…

— Ici Jocelyne Cormeau. J'ai trouvé ton mot dans ma boîte aux lettres. J'ai réfléchi. J'en ai également parlé avec mon mari. Qu'est-ce que je dois faire pour Just ?

François dompta ses mots avec difficulté :

— Entrez en contact avec l'hôpital de La Source… le plus vite possible…

Quelques minutes plus tard, il partit soigner les poissons de son ami le cœur plus léger, mais pas plus tranquille. Tant d'inconnues demeuraient. Seul le premier verrou avait sauté.

# Épilogue

— **Vous avez beau dire,** y a pas seulement d'la pomme. Y a aut'chose… Ça s'rait pas des fois d'la betterave ?

— Si ! Y en a aussi…

Assis à la table de cuisine où ils tartinaient des toasts, déjà fortement imbibés d'alcool frelaté, les tontons flingueurs devisaient autour de l'épouvantable breuvage qu'avait concocté le Mexicain des années auparavant. Le temps n'allait pas tarder à se gâter pour les invités de sa fille Patricia.

François souriait, serein. Il savourait encore plus que de coutume l'humour de ce film, un classique du cinéma des années 60. Il le connaissait par cœur pour l'avoir déjà regardé un nombre incalculable de fois, mais le jeu des acteurs le ravissait toujours autant. Il y découvrait invariablement de nouvelles nuances. Il adorait.

Charly roulé en boule à ses pieds, François était calme, formidablement calme.

Deux mois et demi s'étaient écoulés depuis l'appel téléphonique de Jocelyne Cormeau. François lui avait simplement dit où s'adresser.

La semaine suivante, monsieur Sormain lui avait annoncé qu'on avait trouvé un donneur. L'opération aurait lieu quelques semaines plus tard, une fois terminée la chimiothérapie, à l'Institut Gustave-Roussy, à Villejuif, où Just avait été transféré. Son père essayait de ne pas trop s'enthousiasmer – la greffe pouvait échouer et, si elle prenait, il y avait des risques d'effets secondaires très gênants – mais François mesura son bonheur. Monsieur Sormain ne savait rien du donneur. Il pensait à un brave type qui venait de décider de donner sa moelle osseuse. Exactement celle qu'il fallait à Just. La chance dont bénéficiait son fils était extraordinaire et il regrettait de ne pas connaître ce généreux donateur. Il aurait tant aimé le remercier. Il employa le mot « miracle ».

François prit un air surpris mais sincèrement heureux.

En attendant la rentrée, il se débrouillait pour soigner les poissons de son ami en dehors de la présence de monsieur et madame Sormain, avec qui il ne tenait pas à revivre des tête-à-tête pénibles. La fin d'année scolaire avancée pour les secondes – Bac oblige ! – et les grandes vacances avaient facilité les choses.

Monsieur Sormain lui téléphonait chaque jour, pour l'informer. François eut aussi son ami directement car sa chambre stérile était équipée d'un téléphone. Il put ainsi suivre l'amélioration de son état de santé avec, bien sûr, de très fortes inquiétudes, tant qu'on n'avait pas noté les premiers signes indiquant que la greffe avait des chances de prendre. Inquiétudes qui s'étaient prolongées lorsque Just avait connu des problèmes intestinaux. Aujourd'hui, tout semblait à peu près rentré dans l'ordre et il rejoignait une chambre normale. Sa moelle osseuse s'était déjà en partie reconstituée, comme François l'avait lu sur Internet. Même s'il ne fallait pas crier victoire trop tôt, on pouvait espérer qu'elle aurait bientôt remplacé l'ancienne et, si tout allait bien, à Noël, tout cela ne serait plus qu'un mauvais souvenir.

Encore quelques mois de patience et Just pourrait reprendre une vie quasi normale. Dans le meilleur des cas, ce que, par prudence, il n'osait pas envisager, il n'aurait pas à suivre de traitement antirejet. Par contre, quoi qu'il arrive, il devrait se soumettre à un contrôle aussi strict que régulier.

Just pourrait sans doute à nouveau faire des balades à vélo avec François, qui s'apprêtait à vivre une curieuse rentrée en première, seul mais le cœur gonflé d'espoir. Les heures de VTT manquaient au malade. Il lui tardait de briser l'horizon limité de sa chambre d'hôpital. Il avait également hâte de retrouver ses poissons. François avait rempli sa mission du mieux qu'il avait pu, potassant des livres d'aquariophilie et suivant à la lettre leurs recommandations. Seuls quelques alevins avaient survécu. Ces petites bêtes étaient incroyablement fragiles. Il restait une dizaine de jeunes scalaires, ce qui n'était pas si mal. Just s'en réjouissait.

Un jour, au cours d'une de leurs conversations, il avait déclaré à François :

— Dis donc, je voulais profiter de mon dernier mois de juin sans examen. Eh bien, c'est réussi, parce que, question examens, j'ai été servi ! J'en ai même eu pendant toutes les vacances ! Maintenant, je suis certain que ceux des prochaines années seront de la rigolade, à commencer par le bac...

Just avait aussi parlé de Singapour et souhaitait ardemment retrouver Susan, dont le souvenir semblait s'être ravivé.

François se demanda plusieurs fois s'il devait révéler à Just qu'il avait découvert sa mère biologique. Il hésitait, ne parvenait pas à se décider et laissait filer le temps en espérant que celui-ci l'aiderait.

Le téléphone sonna au moment où, dans *Les tontons flingueurs*, oncle Fernand part à la recherche de Patricia qui vient de fuguer. François appuya sur la touche pause de la télécommande et décrocha.

— Allô ?

— Allô ! Est-ce que je pourrais parler à François, s'il vous plaît ?

— C'est… C'est moi…

— Ici Jocelyne Cormeau…

— J'ai reconnu votre voix !

— Je ne te dérange pas ?

— Non ! Non ! Au contraire…

— Et je peux te parler en toute discrétion ?

— Pas de problème ! Ma mère est à Orléans et son ami travaille.

— As-tu des nouvelles de Just ?

— Oui !

— Comment va-t-il ?

— Très bien, je vous remercie. Enfin, aussi bien qu'on peut l'espérer. Il a été greffé et la greffe semble prendre.

— Ah ! Quel bonheur !

— Faut… Faut pas se réjouir trop vite, malgré tout. Il y a du mieux, beaucoup de mieux, mais on ne peut encore être sûr de rien… Il sort aujourd'hui de chambre stérile. J'attends ses parents…

François marqua une pause et, atterré, il se sentit rougir. Jocelyne Cormeau vola à son secours :

— Bien sûr, ses parents ! Et pourquoi les attends-tu ?

— Ils doivent m'emmener le voir à l'hôpital, l'Institut Gustave-Roussy, à Villejuif. C'est la première fois que je vais le voir depuis juin. Je suis si heureux !

— Formidable ! Dis-moi…

La gorge sèche, très mal à l'aise, François comprit que la mère biologique de Just n'avait pas abordé la véritable raison de son appel et qu'elle allait le faire maintenant.

— Dis-moi, comment as-tu découvert que j'ai donné naissance à Just ?

François s'embrouilla un peu mais parvint à l'expliquer. Lorsqu'il eut terminé, Jocelyne Cormeau reprit :

— Just a une chance inouïe d'avoir un copain comme toi !

— Oh, vous savez, c'est mon meilleur ami, tout simplement, et je l'aime bien. N'importe qui aurait fait comme moi… Le vrai coup de chance, c'est la découverte du journal…

— Quand même… Est-ce… Est-ce qu'il est au courant de cette découverte et de tes démarches ?

François hésita à s'engager sur un terrain qu'il avait toujours redouté mais il ne pouvait plus reculer. Il affola ses cheveux roux d'une main nerveuse puis expliqua, inquiet :

— Non ! Il sait seulement que j'ai trouvé un fichier informatique avec le journal d'une secrétaire médicale... Et puis...

— Et puis ?

— Et puis que ce journal parle d'un accouchement sous X. C'est tout. Il ne sait pas que le journal parle de sa naissance. Il est tombé malade au moment où je découvrais le journal et je n'ai pas pu lui en dire davantage... Et puis, à l'époque, je commençais juste à me douter...

— Est-ce que je peux te demander un service ?

— Si je peux vous le rendre, je le ferai avec plaisir.

— Eh bien, voilà...

François perçut que Jocelyne Cormeau luttait contre une énorme vague d'émotion. Elle reprit enfin :

— Je te demande de ne rien lui dire, de garder le secret.

François ne put réprimer une grimace de contrariété bizarrement mêlée de soulagement avant d'avouer :

— Ce… Ce sera difficile mais je vous le promets, Madame.

— Ce secret, je te demande de le garder toute ta vie… Tu as raison, ce sera sans doute très dur, mais je suis certaine que tu en es capable… Je te fais totalement confiance… Cependant…

Elle se tut à nouveau, laissa filer quelques secondes. Incapable de l'aider, François se trouvait idiot, une fois de plus. Elle reprit enfin :

— … Cependant, n'efface pas le journal de la secrétaire médicale et si un jour, demain, l'année prochaine, dans dix ans ou même davantage, Just veut le lire, donne-le-lui…

— Je…

— Et s'il te demande – Attends qu'il te demande, surtout – si je suis bien sa mère biologique, si tu connais mon nom de femme mariée et mon adresse, donne-les-lui…

François retint difficilement ces fichues larmes qui lui venaient encore aux yeux. En proie à un bonheur teinté d'amertume, il finit par souffler :

— Je… Je vous le promets, Madame !

— Merci, François ! Just a vraiment beaucoup, beaucoup de chance d'avoir un ami comme toi…

— …

— Tu as su trouver les mots justes, ceux qui m'ont rassurée… Et pourtant, crois-moi, j'avais de quoi être effrayée. J'allais si mal quand il est né. De très douloureux souvenirs sont remontés à la surface… Just est le prénom que je lui ai donné à sa naissance…

— …

— J'espérais que ce prénom lui montrerait le chemin à suivre… et je crois que je ne me suis pas trompée… Ses parents l'ont gardé… Ça m'a beaucoup touchée… Ce sont des gens bien, tout à fait le genre dont je rêvais pour lui…

— …

— Ah ! Je voulais te remercier pour autre chose…

— Pour… Pourquoi ?

— Merci, François ! Merci du fond du cœur… parce que… parce que, maintenant, grâce à toi, je peux enfin dormir en paix… Adieu, François… ou peut-être au revoir !

Et elle raccrocha.

François resta de longues minutes sans bouger. Une de ses mains tenait encore le combiné et l'autre enfouissait ses doigts figés dans ses cheveux. Il pleurait en silence. Il était pourtant serein, tranquille, heureux, formidablement heureux. De douces larmes roulaient sur ses joues, des larmes de joie, simples comme l'amitié, la vraie, celle qui nous aide à nous révéler, à nous découvrir bien meilleurs, beaucoup plus forts qu'on ne le pense.

Collection animée par Jack Chaboud

Magnard Jeunesse, 2005
20, rue Berbier-du-Mets
75013 PARIS
**www.magnard.fr**

Conception de couverture : Lonsdale
Photogravure : André Michel
N° ISSN : 1767-3038 / N° ISBN : 2210 986 273

N° d'éditeur : 2005/305 – Dépôt légal : octobre 2005
Achevé d'imprimer en juin 2005 par SYL - Barcelone (Espagne)